HAI

SPANISH
pocket
VOCABULARY

New York Chicago San Francisco Lisbon London Madrid Mexico City
Milan New Delhi San Juan Seoul Singapore Sydney Toronto

ISBN 978-0-07-162744-3
MHID 0-07-162744-8

McGraw-Hill books are available at special quantity discounts to use as
premiums and sales promotions or for use in corporate training programs.
To contact a representative, please visit the Contact Us pages at
www.mhprofessional.com.

Translation: José María Ruiz Vaca
Project Editors: Alex Hepworth, Kate Nicholson
With Helen Bleck

Designed by Chambers Harrap Publishers Ltd, Edinburgh
Typeset in Rotis Serif and Meta Plus by Macmillan Publishing Solutions

CONTENTS

CONTENTS

rico	sweet, cute *(child)*
gracioso	graceful, cute
atractivo	attractive
feo	ugly
elegante	elegant, stylish
moderno	trendy
desaliñado	scruffy
diestro	right-handed
zurdo	left-handed

el cuerpo — the body

la altura	height
la estatura	height
el peso	weight
alto	tall
bajo	small, short
de mediana estatura	of average height
gordo	fat
obeso	obese
delgado	thin, slim
escuálido	skinny
con exceso de peso	overweight
curvilíneo	curvy
fornido	well-built
robusto	stocky
musculoso	muscular
fuerte	strong

la piel — skin

el cutis	complexion
moreno	sun-tanned
blanco	fair-skinned
pálido	pale
blanco	white
negro	black
asiático	Asian
oriental	Oriental

1 La Descripción De Personas

DESCRIBING PEOPLE

ser	to be
estar	to be
tener	to have
parecer	to look
tener aspecto	to seem, to look
medir	to measure
pesar	to weigh
describir	to describe
la apariencia	appearance
el aspecto	appearance, look
la descripción	description
las gafas	glasses
un piercing	piercing
un tatuaje	tattoo
una cicatriz	scar
bastante	quite
más bien	rather
muy	very
demasiado	too
un poco	a little, a bit
joven	young
viejo	old
guapo	beautiful, good-looking, handsome
agraciado	good-looking
lindo	sweet, cute
mono	pretty, cute

rico	sweet, cute *(child)*
gracioso	graceful, cute
atractivo	attractive
feo	ugly
elegante	elegant, stylish
moderno	trendy
desaliñado	scruffy
diestro	right-handed
zurdo	left-handed

el cuerpo — the body

la altura	height
la estatura	height
el peso	weight
alto	tall
bajo	small, short
de mediana estatura	of average height
gordo	fat
obeso	obese
delgado	thin, slim
escuálido	skinny
con exceso de peso	overweight
curvilíneo	curvy
fornido	well-built
robusto	stocky
musculoso	muscular
fuerte	strong

la piel — skin

el cutis	complexion
moreno	sun-tanned
blanco	fair-skinned
pálido	pale
blanco	white
negro	black
asiático	Asian
oriental	Oriental

de razas diferentes	mixed-race
un grano	spot, pimple
un lunar	mole, beauty spot
las pecas	freckles
una arruga	wrinkle

el pelo

hair

el cabello	hair
tener el pelo...	to have...hair
corto	short
largo	long
ni corto ni largo	medium-length
que llega hasta los hombros	shoulder-length
rubio	blonde, fair
castaño	chestnut, brown
negro	black
rojizo	red, ginger
canoso	greying, grey
blanco	white
liso	straight
rizado	curly
ondulado	wavy
ensortijado	frizzy
afrocaribeño	Afro-Caribbean
tener flequillo	to have a fringe
llevar mechas	to have highlights
llevar el pelo a lo afro	to have an Afro
llevar la cabeza afeitada	to have a shaved head

ser...	to be...
rubio	blonde, fair-haired
moreno	dark-haired
pelirrojo	redheaded
calvo	bald

la barba	beard
una barba incipiente	stubble

el bigote	moustache
una perilla	goatee

los ojos

eyes

tener los ojos...	to have...eyes
azules	blue
verdes	green
grises	grey
castaños	brown
castaño claro	hazel
negros	black

¿cómo es él/ella?	**es rubia con el pelo largo**
what's he/she like?	she's got long blonde hair
es morena	**está morena**
she's dark-haired	she's sun-tanned
es alto	**está alto**
he's tall	he has grown; he's tall for his age
¿cuánto mides?	**¿cuánto pesas?**
how tall are you?	how much do you weigh?

mido 1 metro 75
I'm 1.75 metres (5 feet 9 inches) tall

aparenta más edad de la que tiene
he/she looks older than he/she actually is

esa mujer tiene un aspecto un poco raro
that woman looks a bit odd

un hombre de aspecto enfermizo
a sick-looking man

parece cansada	**es muy atractivo/a**
she looks tired	he's/she's very attractive

lleva gafas he wears glasses	**tiene buen tipo** she's got a good figure

lleva un piercing en la ceja
he's/she's got his/her eyebrow pierced

Inf **está buenísima**
she's gorgeous

Note

★ Try not to confuse the verbs ser and estar, both translated as 'to be' in English. Ser is used for a person's permanent physical characteristics, while estar is used for states that can change. They can change the meaning of a sentence:

Juanjo es muy guapo Juanjo is very good-looking	**Juanjo está muy guapo** Juanjo looks very good today
es morena she's dark-skinned	**está morena** she's suntanned
es alto he's tall	**está alto** he's tall for his age (ie he is tall at the moment, but may not always be so)

★ Note that when describing people's features in Spanish, you use the preposition de where English would use "with":

la chica de ojos verdes
the girl with green eyes

See also sections

2 CLOTHES AND FASHION, 3 HAIR AND MAKE-UP, 4 THE HUMAN BODY, 6 HEALTH, ILLNESSES AND DISABILITIES *and* **63 DESCRIBING THINGS.**

2 LA ROPA Y LA MODA
CLOTHES AND FASHION

vestir/vestirse	to dress/to get dressed
desvestir/desvestirse	to undress/to get undressed
ponerse	to put on
quitarse	to take off
cambiarse	to change
probarse	to try on
llevar	to wear
llevar puesto	to have on
estrenar	to wear for the first time
sentar bien	to suit; to fit

la ropa	**clothes**
un abrigo	coat, overcoat
un abrigo de pieles	fur coat
una gabardina	raincoat
una parka	parka
un anorak	anorak
una cazadora	bomber jacket
un chaleco acolchado	body-warmer
un (forro) polar	fleece
un chaquetón	jacket
una chaqueta	blazer
un poncho	poncho
un traje	suit
un traje de señora	lady's suit
un smoking	dinner jacket
un uniforme	uniform
el uniforme del colegio	school uniform

unos pantalones	trousers
unos pantalones de peto	dungarees
unos vaqueros	jeans
unos tejanos	jeans
unos pantalones militares	combat trousers
unas campanas	flares
un chándal	tracksuit
un pantalón corto	shorts
un vestido	dress
un traje de noche	evening dress
una falda	skirt
una minifalda	mini-skirt
una falda pantalón	culottes
una falda escocesa	kilt
un pichi	pinafore dress
un burka	burqa
un sari	sari
un jersey	jumper, sweater
un jersey de cuello alto	polo neck (jumper)
un jersey de pico	V-neck jumper
un chaleco	waistcoat
una chaqueta	cardigan
una sudadera	sweatshirt
un jersey con capucha	hoodie, hooded top
una camisa	shirt
una blusa	blouse
una camiseta	T-shirt
una camiseta de tirantes	vest top
un camisón	nightdress
un pijama	pyjamas
un batín	dressing gown *(for men)*
una bata	dressing gown *(for women)*

un bikini	bikini
un bañador	swimming costume/trunks
un sujetador	bra
unas bragas	(under)pants
unos boxers	boxer shorts
un tanga	thong
una combinación	petticoat
una enagua	petticoat
una enagua de medio cuerpo	underskirt
unas medias	stockings
unos leotardos	tights *(thick)*
unas medias panty	tights *(sheer)*
unas medias de red	fishnet tights
unas mallas	leggings
unos calcetines	socks

el calzado — footwear

unos zapatos	shoes
unas botas	boots
unas botas de goma	Wellington boots
unas botas de caña alta	knee-high boots
unos zapatos de plataforma	platform shoes
unos tacones planos	flat heels
unos tacones altos	high heels
unos deportivos	trainers
unas botas de esquiar	ski boots
unas sandalias	sandals
unas zapatillas	slippers
una suela	sole
un tacón	heel
un par de	a pair of

los complementos — accessories

un sombrero	hat
una gorra	beret, cap
un gorro	cap
un gorro de lana	beanie hat, woolly hat

una bufanda	scarf
un pañuelo (de cabeza)	(head)scarf
unos guantes	gloves
unas manoplas	mittens
una corbata	tie
una pajarita	bow tie
unos tirantes	braces
un cinturón	belt
un cuello	collar
un bolsillo	pocket
unos gemelos	cufflinks
un pañuelo	handkerchief
un paraguas	umbrella
una cinta	ribbon
un botón	button
una cremallera	zip
un tirante	strap
una hebilla	buckle
un velcro®	Velcro®
unos cordones de zapatos	shoelaces
un bolso	handbag
una riñonera	bumbag

las joyas — jewellery

una joya	jewel
la plata	silver
el oro	gold
una piedra preciosa	precious stone
una perla	pearl
un diamante	diamond
una esmeralda	emerald
un rubí	ruby
un zafiro	sapphire
un collar	necklace
un collar de perlas	pearl necklace
una cadena	chain
un colgante	pendant

un anillo	ring
una alianza	wedding ring
una sortija	ring *(ornamental)*
una pulsera	bracelet, bangle
una pulsera de la amistad	friendship bracelet
un brazalete	charm bracelet
unos pendientes	earrings
un aro para la nariz	nose ring
un piercing para la nariz	nose stud
un broche	brooch
un reloj de pulsera	wristwatch

la talla — size

la talla	size *(clothes)*
el número	size *(shoe)*
el contorno del cuello	collar size
el contorno de caderas	hip measurement
el contorno de pecho	bust/chest measurement
el contorno de cintura	waist measurement

pequeño	small
mediano	medium
grande	large
corto	short
largo	long
ancho	wide
amplio	loose-fitting
estrecho	narrow
ceñido	tight

los estilos — style

un modelo	model, design, style
un color	colour
un tono	shade
un estampado	pattern

liso	plain
estampado	printed
bordado	embroidered
de cuadros	check(ed)
de flores	flowered, flowery
de lunares	with polka-dots, spotted
a rayas	striped
elegante	elegant, smart
de vestir	formal
de sport	casual
sencillo	simple, plain
sobrio	sober
de moda	fashionable
pasado de moda	out of fashion
escotado	low-cut, low-necked

la moda — fashion

una colección (de invierno)	(winter) collection
la confección	clothing industry
la industria de la moda	fashion industry
el corte y confección	dressmaking
la alta costura	haute couture, high fashion
la ropa de marca exclusiva	designer clothes
una modista	dressmaker
un modisto	fashion designer
un diseñador de modas	fashion designer
un(a) modelo	model
un desfile de modelos	fashion show
un maniquí	dummy, model
una pasarela	catwalk

lleva un vestido azul
she is wearing a blue dress

querría una falda a juego con esta camisa
I'd like a skirt to match this shirt

esa corbata no pega con la chaqueta
that tie doesn't go with the jacket

¿puedo probarme estos pantalones?
can I try these trousers on?

¿qué talla tiene/número calza?
what is your size/shoe size?

antes tengo que cambiarme
I have to get changed first

estos pantalones te sientan bien
these trousers suit you

el rojo no me sienta bien
red doesn't suit me

esta chaqueta va bien de talla
this jacket is a good fit

está muy bien vestida
she's very well dressed

Note

★ *False friend:* the Spanish word **largo** means 'long'. The word for 'large' is **grande**.

★ When talking about dressing and undressing, Spanish uses a reflexive verb + definite article (**el/la**, **los/las**) where English would just use a possessive pronoun ('my', 'her' etc):

ponte el abrigo
put your coat on

me quité la chaqueta
I took off my jacket

See also sections

13 LIKES AND DISLIKES, 8 SHOPPING, 64 COLOURS and **65 MATERIALS.**

3 El Pelo y El Maquillaje

Hair and make-up

peinar/peinarse	to comb/to comb one's hair
cepillarse el pelo	to brush one's hair
cortarse el pelo	to cut one's hair; to have one's hair cut
igualarse el pelo	to trim one's hair; to have one's hair trimmed
rizarse el pelo	to curl one's hair; to have one's hair curled
hacerse la permanente	to have a perm
hacerse la plancha	to have one's hair straightened
teñirse el pelo	to dye one's hair; to have one's hair dyed
echarse mechas	to have highlights put in
secarse el pelo (con secador de mano)	to dry one's hair; to have a blow-dry
ponerse extensiones	to have extensions put in
maquillarse	to put one's make-up on; to put on make-up
desmaquillarse	to remove one's make-up
hacerse un cambio de imagen	to have a makeover
hacerse un tratamiento facial	to have a facial
pintarse las uñas	to paint one's nails
hacerse la manicura	to have a manicure
hacerse la pedicura	to have a pedicure
perfumarse	to put on perfume
afeitarse	to shave
hacerse la cera en las piernas	to have one's legs waxed
afeitarse las piernas	to shave one's legs
hacer(se) la cera	to wax

hacerse la cera en las ingles	to have one's bikini line done
hacerse la cera brasileña	to have a Brazilian wax
depilarse las cejas	to pluck one's eyebrows

los peinados   hairstyles

tener el pelo...	to have...hair
graso	greasy
seco	dry
brillante	shiny
una melena	loose hair
un flequillo	fringe
una cola de caballo	pony tail
un moño	bun
una trenza	plait, pigtail
un rizo	curl
un mechón	lock (of hair)
las mechas	highlights
una permanente	perm
un corte (de pelo)	(hair-)cut
un peine	comb
un cepillo (del pelo)	hairbrush
un pasador	hairslide
un rulo	roller, curler
un secador	hairdryer
una plancha para el pelo	hair straighteners
una peluca	wig
un champú	shampoo
los productos para el pelo	styling products
la espuma	mousse
la gomina	gel
la laca	hair spray
la cera	wax

los cosméticos   make-up

la belleza	beauty

una crema hidratante	moisturizer
una leche limpiadora	cleanser
un tónico	toner
un bálsamo labial	lip balm
unos polvos	powder
una barra de labios	lipstick
un brillo labial	lip gloss
un delineador labial	lip liner
un rímel	mascara
un lápiz de ojos	eyeliner
una sombra de ojos	eye-shadow
unas pinzas	tweezers
un esmalte de uñas	nail varnish
la acetona	nail varnish remover
un perfume	perfume
un colonia	cologne
un desodorante	deodorant
un moreno artificial	fake tan
una cama solar	sunbed

el afeitado · shaving

una maquinilla de afeitar	razor
una máquina de afeitar eléctrica	electric shaver
una hojilla de afeitar	razor blade
una brocha de afeitar	shaving brush
la loción para después del afeitado	aftershave
la cera	waxing
la electrólisis	electrolysis

---

tiene caspa
he has dandruff

lleva mucho maquillaje
she wears a lot of make-up

nunca uso perfume
I never wear perfume

lleva trenzas en el pelo
she wears her hair in plaits

me he dado un masaje
I've had a massage

tomo rayos UVA
I go on a sunbed

> *Note*
>
> When talking about having something done to you, Spanish generally uses a reflexive verb. It is normally possible to deduce from the context that someone else is performing the action:
>
> **me corté el pelo**
> I had my hair cut
>
> **Julieta acaba de rizarse el pelo**
> Julieta has just had her hair curled

See also section

1 DESCRIBING PEOPLE.

4 El Cuerpo Humano
The human body

las partes del cuerpo	**parts of the body**
la cabeza	head
el tronco	body
las extremidades	limbs
un órgano	organ
un miembro	limb
un músculo	muscle
un hueso	bone
el esqueleto	skeleton
la carne	flesh
la piel	skin
la sangre	blood
una vena	vein
una arteria	artery

la cabeza	**the head**
el cráneo	skull
el cuero cabelludo	scalp
el cerebro	brain
el pelo	hair
el cabello	hair
el cuello	neck
la nuca	nape, back of the neck
la garganta	throat
la cara	face
las facciones	features
la frente	forehead
las cejas	eyebrows
las pestañas	eyelashes

los ojos	eyes
los párpados	eyelids
las pupilas	pupils
la nariz	nose
las mejillas	cheeks
los carrillos	cheeks
los pómulos	cheekbones
los oídos	ears *(inner)*
las orejas	ears
la mandíbula	jaw
la barbilla	chin
un hoyuelo	dimple
la boca	mouth
los labios	lips
la lengua	tongue
un diente	tooth
una muela	back tooth
un diente/una muela de leche	milk tooth
una muela del juicio	wisdom tooth

el tronco — the body

un hombro	shoulder
el pecho	chest
el busto	bust
los pechos	breasts
el estómago	stomach
el vientre	stomach
la espalda	back
la cintura	waist
la cadera	hip
el trasero	behind, bottom
la columna vertebral	spine
una costilla	rib
el corazón	heart
los pulmones	lungs
el hígado	liver

los riñones	kidneys
la vejiga	bladder

las extremidades	**the limbs**
el brazo	arm
el codo	elbow
la mano	hand
la muñeca	wrist
el puño	fist
un dedo	finger
el dedo meñique	little finger, pinkie
el índice	index finger
el pulgar	thumb
una uña	nail

la pierna	leg
el muslo	thigh
la rodilla	knee
la pantorrilla	calf
el tobillo	ankle
el pie	foot
el talón	heel
un dedo del pie	toe

See also sections

6 HEALTH, ILLNESSES AND DISABILITIES *and* **7 MOVEMENTS AND GESTURES.**

Twenty

5 ¿Cómo Te Sientes?
How are you feeling?

sentirse	to feel
encontrarse	to feel
estar...	to be...
en forma	fit, on form
en plena forma	very fit, on top form
fuerte	energetic
hambriento	starving, ravenous
cansado	tired
rendido	exhausted
aletargado	lethargic
débil	weak
bien de salud	in good health
sano	healthy, in good health
bien	well
mal	unwell
enfermo	sick, ill
inquieto	restless
medio dormido	half asleep
adormilado	half asleep
dormido	asleep
calado	soaked
helado	frozen
cómodo	comfortable
a gusto	at ease, at home
a disgusto	ill at ease, unhappy
contento	happy
encantado	delighted
satisfecho	satisfied
harto	fed up

tener...	to be...
calor	hot
frío	cold
hambre	hungry
un hambre canina	ravenous
sed	thirsty
sueño	sleepy

demasiado	too
totalmente	totally
completamente	completely
muy	very
un poco	a bit, a little
algo	a bit, a little

---

no me siento bien
I don't feel well

me encuentro algo débil
I feel a bit weak

tengo muchísmo calor
I'm boiling

¡me estoy congelando!
I'm freezing!

¡no puedo más!
I'm exhausted!

¡qué cansada estoy!
I'm so tired!

está en muy buena forma
he's on top form

Inf **estoy hecho polvo**
I'm shattered

Note

Note that to talk about being hot, cold, hungry or thirsty in Spanish, you use the verb tener (to have):

tengo calor/frío
I'm hot/cold

¿tienes hambre/sed?
are you hungry/thirsty?

Note—cont'd

To say 'very hungry' or 'very thirsty', you need to use the adjective mucho/a (much) rather than the adverb muy (very). Remember it must agree with the noun:

tengo mucho frío	**tenemos mucha sed**
I'm very cold	we're very thirsty
(lit. 'I have much cold')	(lit. 'we have much thirst')

See also section

6 HEALTH, ILLNESSES AND DISABILITIES.

6 La Salud, Las Enfermedades y Las Discapacidades

Health, illnesses and disabilities

ponerse enfermo	to fall ill
doler	to hurt, to be sore
sangrar	to bleed
vomitar	to vomit
toser	to cough
estornudar	to sneeze
desmayarse	to faint
estar en coma	to be in a coma
estar/sentirse...	to be/feel...
bien	well
mal	unwell, ill
mejor	better
peor	worse
tener...	to have...
catarro	a cold
dolor de muelas/oídos	toothache/earache
dolor de cabeza	a headache
hipo	the hiccups
resaca	a hangover
tos	a cough
fiebre	a temperature
la regla	one's period
los dolores de la regla	period pain

diabetes	diabetes
cancer (de mama/piel/pulmón)	(breast/skin/lung) cancer
una enfermedad cardíaca	heart disease
padecer de	to suffer from
padecer del corazón	to have a heart condition
romperse una pierna/un brazo	to break one's leg/arm
torcerse un tobillo	to twist one's ankle
lastimarse la mano/espalda	to hurt one's hand/back
coger un catarro	to catch a cold
inflamarse	to swell
infectarse	to become infected
empeorar	to get worse
tratar	to treat
vendar	to dress *(wound)*
curar	to cure; to dress
pedir hora	to make an appointment
reposar	to rest
estar a régimen	to be on a diet
estar convaleciente	to be convalescing
curarse	to heal up
reponerse	to recover
morir	to die
enfermo	ill, sick
indispuesto	unwell
curado	cured
sano	in good health
embarazada	pregnant
anémico	anaemic
epiléptico	epileptic
diabético	diabetic
estreñido	constipated
muerto	dead
doloroso	painful, sore
contagioso	contagious

grave	serious
infectado	infected
inflamado	swollen
una enfermedad	disease, illness
una epidemia	epidemic
la fiebre	fever, temperature
el dolor	pain
el pulso	pulse
el grupo sanguíneo	blood group
la tensión	blood pressure
una infección	infection
un ataque	fit; attack
la muerte	death
la medicina	medicine *(science)*
la higiene	hygiene
la salud	health

las enfermedades

illnesses

las anginas	throat infection
el ardor de estómago	heartburn
la artritis	arthritis
el asma *(f)*	asthma
la bronquitis	bronchitis
el cáncer	cancer
el catarro	cold
la cistitis	cystitis
la depresión nerviosa	nervous breakdown
la diarrea	diarrhoea
la epilepsia	epilepsy
el estreñimiento	constipation
la fiebre del heno	hay fever
las fiebres tifoideas	typhoid
la gripe	flu
la gripe aviar	bird flu
las infecciones de transmisión sexual	STI

la leucemia	leukaemia
las paperas	mumps
la pulmonía	pneumonia
el reumatismo	rheumatism
la rubéola	German measles
el sarampión	measles
el sida	AIDS
la tuberculosis	TB
la varicela	chickenpox
la regla	period
un parto	labour
un nacimiento	childbirth
una cesárea	caesarean
un aborto	miscarriage; abortion
un aborto provocado	abortion
la fecundación in vitro	IVF
un bebé probeta	test-tube baby
una hernia	hernia
una herida	wound; sore
una fractura	fracture
una hemorragia	haemorrhage
una indigestión	indigestion
una insolación	sunstroke
una conmoción cerebral	concussion
un infarto	heart attack
una úlcera (de estómago)	ulcer

los problemas de la piel   skin complaints

una quemadura	burn
una cortadura	cut
un arañazo	scratch
una mordedura	bite
una picadura	insect bite
el picor	itch
un furúnculo	abscess, boil

una erupción	rash
el acné	acne
los granos	spots
las varices	varicose veins
una verruga	wart
un callo	corn
una ampolla	blister
un cardenal	bruise
una cicatriz	scar

el tratamiento — treatment

cuidar	to look after, to nurse
reconocer	to examine
recetar	to prescribe
operar	to operate on
operarse	to have an operation
operarse de apendicitis	to have one's appendix taken out
dar a luz	to give birth
hacer una radiografía	to X-ray
amputar	to amputate
quitar	to remove
hacer la reanimación cardiopulmonar	to perform CPR

un hospital	hospital
una clínica	hospital; clinic
la consulta del médico	(doctor's) surgery
la consulta médica	doctor's appointment
una clínica de planificación familiar	family planning clinic
la asistencia sanitaria privada	private health care
la asistencia sanitaria pública	state health care
un caso urgente	emergency

una ambulancia	ambulance
una camilla	stretcher (on wheels)
una inyección	injection
una vacuna	vaccination

una operación	operation
la anestesia	anaesthetic
una transfusión de sangre	blood transfusion
una radiografía	X-ray
la quimioterapia	chemotherapy
la radioterapia	radiotherapy
la cirugía estética	cosmetic surgery
la cirugía plástica	plastic surgery
un arreglo en la nariz	nose job
un lifting	facelift
unos implantes de mama	breast implants
una liposucción	liposuction
un régimen	diet
un masaje	massage
la convalecencia	convalescence
la mejoría	recovery
un médico	doctor
un médico de cabecera	GP
un(a) especialista	specialist, consultant
un enfermero	nurse
un enfermo	patient
un paciente	patient

las medicinas — medicines

una medicina	medicine *(remedy)*
un medicamento	medicine *(remedy)*
una receta	prescription
una farmacia	chemist's
un antibiótico	antibiotic
un analgésico	pain killer
una aspirina	aspirin
un calmante	tranquillizer; pain killer
un somnífero	sleeping tablet
un laxante	laxative
las vitaminas	vitamins
una pastilla	tablet

una píldora	pill
la píldora	(contraceptive) pill
la píldora del día después	morning-after pill
un preservativo	condom
la contracepción	contraception
unas gotas	drops
una pomada	ointment
el algodón	cotton wool
una tirita®	plaster
una venda	bandage, dressing
el esparadrapo	sticking plaster
una escayola	plaster cast
una compresa	sanitary towel
un tampón	tampon

la consulta del dentista — at the dentist's

un dentista	dentist
una clínica dental	dental surgery
la sala de espera	waiting room
un diente/una muela	tooth
un empaste	filling
una dentadura postiza	denture
una caries *(pl caries)*	bad tooth, tooth decay
un aparato	brace
una úlcera en la boca	mouth ulcer

las discapacidades — disabilities

minusválido	disabled
retrasado mental	mentally disabled
ciego	blind
tuerto	one-eyed
daltónico	colour-blind
miope	short-sighted
astigmático	long-sighted
sordo	deaf
sordo-mudo	deaf-mute
cojo	lame
el síndrome de Down	Down's syndrome

un minusválido	disabled person
un discapacitado	person with a learning disability
un ciego	blind person
un sordo	deaf person
un mudo	mute person
un sordomudo	deaf-mute

un bastón	stick
unas muletas	crutches
una silla de ruedas	wheelchair
un audífono	hearing aid

¿dónde te duele?
where does it hurt?

me duele la garganta
I've got a sore throat

me duele la rodilla
my knee hurts

tengo ganas de vomitar
I feel sick

me he puesto el termómetro
I took my temperature

tengo 38
I've got a temperature of 101

se operó del riñón/de anginas
she had a kidney operation/her tonsils (taken) out

le han dado hora a las 10
he has an appointment at 10 o'clock

lleva un aparato en los dientes
he has a brace/braces

tengo la nariz tapada/se me caen los mocos
I've got a blocked-up/runny nose

¡que te mejores!
get well soon!

me siento mejor
I'm feeling better

está embarazada de seis semanas
she's six weeks pregnant

me voy a operar la rodilla
I'm going to have an operation on my knee

le dieron los primeros auxilios   **está en coma**
they gave him first aid   he's/she's in a coma

está en el hospital   **está muy grave**
he's/she's in hospital   he's/she's seriously ill

Inf **tengo el estómago un poco revuelto**
I've got a bit of a dodgy tummy

Inf **¡pensé que me moría!**
I was in agony!

Note

★ *False friend:* the Spanish **estar constipado** means 'to have a cold'. 'To be constipated' is translated as **estar estreñido**.

★ To say that something hurts in Spanish, you need to use the verb **doler** (to hurt) followed by the body part. As in English, the verb is singular or plural depending on the the body part(s):

me duele el oído   **a Carmen le duelen los pies**
my ear hurts   Carmen's feet hurt

Note that the expression is **doler** *a* **alguien**, so the person is the indirect object.

★ Note that although the word **asma** (asthma) is a feminine noun, it is always preceded by a masculine article (**el asma**). The same applies to all Spanish words beginning with an 'a' sound and having the stress on the first syllable

Note—cont'd

(agua, hacha, águila etc). Any adjectives describing the word are in the feminine form:

un águila inmensa
an enormous eagle

el agua estaba buena
the water was lovely

★ When talking about having an operation in Spanish, you use the reflexive verb operarse. Use the preposition de to say which part of the body was operated on:

me he operado de la espalda
I had an operation on my back

See also section

4 THE HUMAN BODY.

7 LOS MOVIMIENTOS Y LOS GESTOS

MOVEMENTS AND GESTURES

las idas y venidas	**comings and goings**
andar hacia atrás	to walk backwards
aparecer	to appear
apresurarse	to hurry
atravesar	to go through
bajar	to go/come down(stairs)
bajarse de	to get off *(train, bus etc)*
caminar	to walk
cojear	to limp
continuar	to continue
correr	to run
cruzar	to cross
desaparecer	to disappear
deslizarse	to slide (along)
entrar en	to go/come in
esconderse	to hide
ir a dar una vuelta	to go for a stroll
ir hacia atrás	to move back
ir(se)	to go, to leave
llegar	to arrive
marcharse	to go away
pararse	to stop
pasar (por)	to pass (by)
pasear(se)	to have a walk, to stroll
ponerse en marcha	to set off
presentarse	to appear suddenly
quedarse	to stay, to remain
regresar	to return

saltar	to jump
seguir	to go on, to follow
subir	to go up (stairs)
subir a	to get on *(train, bus etc)*
tambalearse	to stagger
tropezar	to trip
venir	to come
volver/volverse	to come back/to turn round
volver a salir/bajar	to go back out/down
el comienzo	beginning
la entrada	entrance
el fin	end
el final	end
la ida	going, departure
la llegada	arrival
la partida	departure
el principio	beginning
el regreso	return
la salida	departure; exit, way out
la vuelta	return
un paso	step
un salto	jump
un brinco	hop
paso a paso	step by step
poco a poco	little by little
a carreras	at a run

las acciones **actions**

abrir	to open
acabar	to finish
agarrar	to catch
apretar	to squeeze, to hold tight
arrastrar	to drag
bajar	to lower, to pull down
bostezar	to yawn

caérsele a uno	to drop
cerrar	to close
coger	to take
colocar	to place
dejar	to put down
empezar	to start
empujar	to push
esconder	to hide *(something)*
golpear	to hit, to knock
lanzar	to throw
levantar	to lift, to raise
mover	to move
poner	to put
quitar	to remove
rasgar	to tear, to rip
sujetar	to hold
terminar	to finish
tirar	to throw (away)
tirar de	to pull
tocar	to touch
ponerse de codos en	to lean on *(with elbows)*
apoyarse (en)	to lean (on)
ponerse en cuclillas	to squat down
arrodillarse	to kneel down
tumbarse	to lie down, to stretch out
sentarse	to sit down
agacharse	to stoop
ponerse en pie	to crouch down
levantarse	to get up
asomarse	to lean (out)
inclinarse	to lean (over)
descansar	to (have a) rest

las posturas   postures

en cuclillas	squatting
de codos	leaning on one's elbows

arrodillado	kneeling
de rodillas	on one's knees
tumbado	lying down
boca abajo	face-down
apoyado	leaning
a cuatro patas	on all fours
sentado	sitting, seated
acostado	lying down; in bed
de pie	standing
tendido	lying stretched out
asomado	leaning out
inclinado	leaning

los gestos — gestures

bajar la vista	to look down; to lower one's eyes
echar un vistazo a	to have a (quick) look at
echar una ojeada	to (cast a) glance
encogerse de hombros	to shrug (one's shoulders)
fruncir el entrecejo	to frown
guiñar	to wink
hacer una mueca	to make a face
hacer una señal	to make a sign
hacer una señal con la mano	to signal with one's hand
inclinar la cabeza	to nod
levantar la vista	to look up
parpadear	to blink
pegar un puñetazo a	to punch
pegar una bofetada a	to slap
pegar una patada a	to kick
reír	to laugh
señalar	to point at
sonreír	to smile

una bofetada	slap
un bostezo	yawn
un gesto	gesture; grimace
un guiño	wink

un movimiento	movement
una patada	kick
un puñetazo	punch
una señal	sign, signal
una sonrisa	smile
un vistazo	glance

"lo siento", dijo encogiéndose de hombros
"sorry," she said with a shrug

"vale", dijo asintiendo con la cabeza
"OK," he said with a nod

a Pedro se le cayeron las gafas
Pedro dropped his glasses

voy al colegio a pie	**bajó corriendo**
I walk to school	he ran downstairs
cruzó la calle corriendo	**entró tambaleándose**
she ran across the street	he staggered in

Note

The word en generally means 'in', but it can also mean 'into' and 'on':

estábamos en el colegio cuando se oyó la explosión
we were at school (lit. in school) when we heard the explosion

entramos en un bar porque llovía
we went into a bar because it was raining

túmbate en la alfombra
lie down on the carpet

Remember that the word a ('to') contracts with el to form al:

voy al colegio a pie
I walk to school

8 La Identidad y La Edad

Identity and Age

nacer	to be born
morir	to die
el nacimiento	birth
la muerte	death
un entierro	funeral

el nombre — **name**

bautizar	to christen
llamarse	to be called
llamar	to call, to name
firmar	to sign
el bautismo	christening
la identidad	identity
el carné de identidad	national identity card
la firma	signature
el apellido	surname
el nombre (de pila)	name, first name
las iniciales	initials
el señor (Sr.) Martínez	Mister (Mr) Martínez
don (D.) José Martínez	Mr José Martínez
la señora (Sra.) Fernández	Mrs Fernández
doña (Da.) Isabel Fernández	Miss/Mrs Isabel Fernández
la señorita (Srta.) Lanza	Miss Lanza

la edad — **age**

la fecha de nacimiento	date of birth
el cumpleaños	birthday
la infancia	childhood

la juventud	youth
la adolescencia	adolescence
la madurez	middle age
la vejez	old age
la tercera edad	old age
joven	young
viejo	old
menor de edad	minor
mayor de edad	of age, adult
un recién nacido	newborn baby
un bebé	baby
los niños	children
un niño	little boy, child
una niña	little girl, child
un adolescente	teenager
un adulto	adult
los mayores	grown-ups
los pequeños	little ones
los jóvenes	young people
una (chica) joven	young girl
una señora mayor	elderly woman
un señor mayor	elderly man
un viejo, una vieja	old man/woman
un anciano, una anciana	old man/woman
un(a) pensionista	pensioner
los viejos	old people
las personas de edad	the elderly

el sexo — sex

una mujer	woman
una señora	lady, woman
una señorita	young lady
una chica	girl
una muchacha	girl
un hombre	man

un señor	gentleman, man
un señorito	young gentleman
un caballero	gentleman
un chico	boy
un muchacho	boy
masculino	masculine
femenino	feminine
varón	male
hembra	female

el estado civil — marital status

casarse	to get married
casarse (con)	to marry
divorciarse	to divorce
soltero	single
casado	married
divorciado	divorced
separado	separated
un solterón, una solterona	bachelor/spinster
el marido	husband
el esposo	husband
la mujer	wife
la esposa	wife
el ex-marido	ex-husband
la ex-mujer	ex-wife
el novio	fiancé; boyfriend; bridegroom
la novia	fiancée; girlfriend; bride
los recién casados	newly-weds
un viudo, una viuda	widower/widow
un huérfano	orphan
la ceremonia	ceremony
la petición de mano	engagement
la boda	wedding
el divorcio	divorce

las señas	**address**
vivir	to live
habitar	to live
alquilar	to rent, to let
compartir	to share
las señas	address
la dirección	address
el domicilio	place of residence
el piso	floor, storey
el código postal	postcode
el número	number
el número de teléfono	phone number
la guía de teléfonos	telephone directory
el dueño	landlord
un inquilino	tenant
un compañero de piso	flatmate
un vecino	neighbour
en casa	at home
en casa de Juan	at Juan's
en la ciudad	in town
en las afueras	in the suburbs
en el campo	in the country

la religión	**religion**
católico	Catholic
protestante	Protestant
anglicano	Anglican
musulmán	Muslim
judío	Jewish
budista	Buddhist
hindú	Hindu
ateo	atheist
agnóstico	agnostic

¿cómo te llamas?
what is your name?

me llamo María
my name is María

¿cómo te apellidas/se apellida Vd.?
what is your surname?

me apellido Moreno
my surname is Moreno

vivo en casa de Paco
I'm living at Paco's

vivo en la calle Ramón y Cajal, número 5, piso segundo
I live at 5, calle Ramón y Cajal, second floor

¿cuántos años tienes/tiene Vd.?
how old are you?

¿qué edad tienes/tiene Vd.?
how old are you?

tengo veinte años
I'm twenty (years old)

nací el 1 de marzo de 1960
I was born on the first of March 1960

un bebé de un mes
a (one-)month-old baby

un niño de ocho años
an eight-year-old boy

un hombre de mediana edad
a middle-aged man

tiene treinta y tantos
she's in her thirties

una mujer de unos treinta años
a woman of about thirty

¡disculpe, joven!
excuse me, young man/lady!

debe tener cincuenta y muchos
he/she must be in his/her late fifties

debe tener unos dieciséis años
he/she looks about sixteen

Inf **¡es muy mayor!**
he's/she's ancient!

Note

★ Note that when talking about age in Spanish, the verb is tener ('to have'):

tengo quince años
I'm fifteen

¿cuántos años tienes?
how old are you?

★ The words señor and señora are used differently depending on whether you are speaking *to* the person directly or talking *about* them in the third person:

buenos días, señor Fuentes
good morning, Mr Fuentes

el señor Fuentes me llamó ayer
Mr Fuentes called me yesterday

The words don and doña are always followed by the person's first name:

¿cómo está, doña Flora?
how are you, Flora?

★ Spanish addresses are written as follows:

José López
c/ Ramón y Cajal, n° 5, 2° izq.
39300 Torrelavega

This would be read as: **calle Ramón y Cajal, número cinco, (piso) segundo izquierda** (5 Ramón y Cajal Street, 2nd floor, left flat).

See also section

31 FAMILY AND FRIENDS.

9 LOS OFICIOS Y EL TRABAJO

JOBS AND WORK

trabajar	to work
estudiar	to study
hacer un curso de formación	to do a training course
tener ambiciones	to be ambitious
tener experiencia	to have experience
carecer de experiencia	to have no experience
estar sin trabajo	to be unemployed
estar parado	to be unemployed
estar cobrando el paro	to be on the dole
buscar trabajo	to look for work
solicitar un puesto de trabajo	to apply for a job
encontrar trabajo	to find a job
tener éxito	to be successful
ganar	to earn
ganarse la vida	to earn a living
tomarse unas vacaciones	to take a holiday
tomarse un día de permiso	to take a day off
estar de guardia	to be on duty
estar en huelga	to be on strike
ponerse en huelga	to go on strike, to strike
rechazar	to reject
aceptar	to accept
tomar	to take on
contratar	to take on
pagar	to pay
despedir	to dismiss
dimitir	to resign
jubilarse	to retire

difícil	difficult
fácil	easy
interesante	interesting
apasionante	exciting
estimulante	challenging
gratificante	rewarding
aburrido	boring
peligroso	dangerous
exigente	demanding
estresante	stressful
importante	important
útil	useful

la gente y su trabajo — people at work

un abogado, una abogada	lawyer
un(a) acomodador(a)	usher
un actor, una actriz	actor/actress
un aduanero, una aduanera	customs officer
un(a) agente de bolsa	insurance broker
un(a) agente de viajes	travel agent
un(a) agente inmobiliario(a)	estate agent
un agricultor, una agricultora	farmer
un(a) albañil	bricklayer, mason
un ambulanciero, una ambulanciera	ambulance driver
un arquitecto, una arquitecta	architect
un(a) artista	artist
un(a) artista pop	popstar
un asesor, una asesora	adviser, consultant
un(a) asesor(a) de empleo	recruitment consultant
un(a) asistente social	social worker
un(a) astronauta	astronaut
un(a) auxiliar de vuelo	flight attendant
un(a) ayudante personal	PA, assistant
un azafato, una azafata	steward/stewardess
un basurero	dustman
un bombero, una bombera	firefighter
un camarero, una camarera	waiter/waitress

una camarera de habitaciones	chambermaid
un camionero, una camionera	lorry driver
un(a) canguro	childminder
un(a) cantante	singer
un carnicero, una carnicera	butcher
un carpintero, una carpintera	joiner, carpenter
un cartero, una cartera	postman/postwoman
una chica de servicio	maid
un científico, una científica	scientist
un cirujano, una cirujana	surgeon
un cocinero, una cocinera	cook
una comadrona	midwife
un(a) comercial	sales rep
un(a) comerciante	shopkeeper
un(a) conductor(a)	driver
un(a) conductor(a) de autobús	bus driver
un confitero, una confitera	confectioner, pastrycook
un(a) conserje	janitor, caretaker
un(a) constructor(a)	builder
un(a) consultor(a)	consultant
un(a) contable	accountant
un(a) cooperante	aid worker
un criado, una criada	servant
un cura	priest
un(a) decorador(a)	interior decorator
un(a) dentista	dentist
un dependiente, una dependienta	shop assistant
un(a) dibujante	cartoonist
un(a) director(a)	manager; director; headteacher
un(a) disc jockey	DJ
un(a) diseñador(a) de modas	fashion designer
un(a) diseñador(a) de página web	web designer
un(a) diseñador(a) gráfico(a)	graphic designer
un(a) editor(a)	editor
un ejecutivo, una ejecutiva	executive
un(a) electricista	electrician
un(a) embajador(a)	ambassador

un empleado, una empleada	employee
	bank clerk
un enfermero, una enfermera	nurse
un(a) entrenador(a) personal	personal trainer
un(a) escritor(a)	writer
un(a) estudiante	student
un farmacéutico, una farmacéutica	chemist, pharmacist
un físico, una física	physicist
un(a) florista	florist
un fontanero, una fontanera	plumber
un fotógrafo, una fotógrafa	photographer
un funcionario, una funcionaria	civil servant
un(a) garajista	garage owner, garage mechanic
un granjero, una granjera	farmer
un(a) guardia civil	police officer *(in countryside or small town)*
un(a) guía de turismo	tourist guide
un hombre de negocios	businessman
un ingeniero, una ingeniera	engineer
un(a) intérprete	interpreter
un jardinero, una jardinera	gardener
un joyero, una joyera	jeweller
un(a) juez	judge
un librero, una librera	bookseller
un maestro, una maestra	primary-school teacher
un marinero	sailor
un médico, una médica	doctor
un mecánico, una mecánica	mechanic
un(a) militar	serviceman
un minero, una minera	miner
un(a) modelo	model
un modisto, una modista	fashion designer; tailor/dressmaker
un(a) monitor(a)	instructor
un monje, una monja	monk/nun
una mujer de limpieza	cleaning lady
una mujer de negocios	businesswoman

un músico, una música	musician
una niñera	nanny
un notario, una notaria	solicitor
un obrero, una obrera	labourer, unskilled worker
un(a) oficial (del ejército)	(army) officer
un(a) oficinista	office worker
un(a) organizador(a) de eventos	event organizer
un panadero, una panadera	baker
un párroco	vicar
un pastor protestante	minister
un peluquero, una peluquera	hairdresser
un(a) periodista	journalist
un pescadero, una pescadera	fishmonger
un pescador	fisherman
un(a) piloto	pilot
un(a) pintor(a)	painter, artist
un(a) pintor(a) (de brocha gorda)	painter and decorator
un político, una política	politician
un(a) policía	police officer
un portero, una portera	caretaker
un(a) presentador(a) (de televisión)	(TV) presenter
un(a) profesor(a)	teacher
un(a) programador(a) informático(a)	(computer) programmer
un psicólogo, una psicóloga	psychologist
un(a) psiquiatra	psychiatrist
un rabino, una rabina	rabbi
un(a) recepcionista	receptionist
un religioso, una religiosa	monk/nun
un(a) repartidor(a)	delivery man/woman
un reportero, una reportera	reporter
un(a) revisor(a)	ticket inspector
un sacerdote	priest
un sastre	tailor
un secretario, una secretaria	secretary
un(a) secretario(a) de prensa	press officer

un(a) soldado	soldier
un(a) taxista	taxi driver
un técnico, una técnica	technician
un tendero, una tendera (de ultra-marinos)	grocer
un torero	bullfighter
un(a) trabajador(a) temporal	temp
un(a) traductor(a)	translator
un(a) vendedor(a)	salesperson
un veterinario, una veterinaria	vet
un(a) viajante de comercio	travelling salesperson
un voluntario, una voluntaria	volunteer
un zapatero, una zapatera	cobbler

el mundo del trabajo — the world of work

el patrón	employer
el empresario	employer
el jefe	boss, owner, manager
el director	director, manager
la dirección	management
el personal	staff, personnel
un trabajador	worker
un aprendiz	trainee, apprentice
un parado	unemployed person
un candidato	applicant
un afiliado	trade unionist
un huelguista	striker
un jubilado	pensioner
el futuro	the future
la carrera	career
la profesión	profession, occupation
el oficio	job, trade *(learnt)*
las salidas	openings
la posición	post, job
el puesto	post, job
el empleo	employment

un curso de formación	training course
el aprendizaje	apprenticeship
la formación	training
los títulos	qualifications
una licenciatura	degree
un certificado	certificate
un diploma	diploma
el sector	sector
la investigación	research
los negocios	business
la industria	industry
el comercio	trade
un sindicato	trade union
una empresa	company
una compañía	company
una fábrica	factory
un taller	workshop
una tienda	shop
un laboratorio	laboratory
una oficina	office
un departamento	department
la venta	sales
el marketing	marketing
los recursos humanos	HR
la contabilidad	accounts
las finanzas	finance
la gestión	management
la atención al cliente	customer service
las relaciones públicas	PR
la informática	IT
un trabajo	work, job
un anuncio	ad(vertisement)
las ofertas de empleo	situations vacant
una solicitud de empleo	job application

una solicitud a través de Internet	online application
una carta de presentación	covering letter
un formulario	form
una entrevista	interview
los conocimientos	knowledge
los conocimientos prácticos	skills
las capacidades	ability
el trabajo en equipo	teamwork
la iniciativa	initiative
los deberes	duties
las responsabilidades	responsibilities
la descripción del trabajo	job description
motivado	motivated
trabajador	hard-working
con experiencia	experienced
de confianza	reliable
creativo	creative
dinámico	dynamic
el contrato de trabajo	contract of employment
el sueldo	salary, wages
el salario	wages
la paga	wages
los impuestos	taxes
una paga extraordinaria	bonus
un aumento de sueldo	pay rise
la pensión de jubilación	pension
unos extras	perks
unos vales de comida	luncheon vouchers
un coche de empresa	company car
unas dietas de viaje	travel allowance
un ascenso	promotion
un trabajo de jornada completa	full-time job
un trabajo de media jornada	part-time job
un trabajo provisional	temporary job
un horario de 40 horas semanales	forty-hour week

el horario	timetable
el horario flexible	flexitime
unas horas extra	overtime
las vacaciones	holidays
un permiso	time off, leave
el permiso de enfermedad	sick-leave
el permiso de maternidad	maternity leave
el permiso de paternidad	paternity leave
la seguridad laboral	job security
el despido	redundancy, dismissal
un viaje de negocios	business trip
un viernes informal	dress-down Friday
una huelga	strike
un mitin	meeting
un ordenador	computer
una impresora	printer
un fax	fax machine
una centralita	switchboard
una fotocopiadora	photocopier
los artículos de papelería	stationery

¿a qué se dedica?
what do you do?

es médico
he's a doctor

¿qué te gustaría ser de mayor?
what would you like to be when you grow up?

me gustaría ser pintor
I'd like to be an artist

quiero estudiar medicina
I want to study medicine

¿qué planes tienes para el futuro?
what are your plans for the future?

lo que más me interesa es el sueldo/el tiempo libre
what matters most for me is the pay/free time

trabaja en publicidad/seguros
he works in advertising/insurance

este trabajo tiene muchas posibilidades
this job has good prospects

la falta de seguridad laboral es un problema
lack of job security is a problem

les pagan muy poco
they don't get paid much

Inf **mi trabajo me estresa mucho**
my job really stresses me out

Note

★ Remember that many job titles in Spanish have masculine and feminine forms, eg el profesor/la profesora, un informático/ una informática, el ministro/la ministra.

Recently, new feminine forms have been created for some job titles that previously were only masculine, for example un juez/una jueza. However, you can still find the masculine form used for both sexes.

Be careful of words like un(a) taxista and un(a) florista: the same form is used for masculine and feminine, though it may look feminine because it ends in -a.

★ Note that when saying what someone does for a living in Spanish, there is no article before the job title:

es diseñadora
she is a designer

Another way to talk about professions is using the preposition de:

trabaja de modelo
she works as a model

Homework help

Your ambitions

I'd like to be a...	I'm going to be a...
Me gustaría ser...	**Voy a ser...**

I'd like to work with children.
Me gustaría trabajar con niños.

I'd like a job where I can help people/travel the world.
Me gustaría tener un trabajo en el que pueda ayudar a la gente/viajar por todo el mundo.

I want to use my languages.
Quiero usar mis conocimientos de idiomas.

I like a challenge.
Quiero un desafío.

It's important to have nice colleagues/a good salary.
Es importante tener buenos compañeros/un buen sueldo.

I want to be rich/famous.
Quiero ser rico/famoso.

Happiness is more important than money.
La felicidad es más importante que el dinero.

Job applications
  Asking for work

I would like to apply for the position of...
Me gustaría solicitar el puesto de...

I would like to apply for a work placement.
Me gustaría solicitar un puesto de trabajo.

I am writing to see if you have any vacancies.
Les escribo para ver si tienen puestos vacantes.

Please find enclosed my CV.
Les adjunto mi curriculum.

I am available for an interview.
Estaría encantado de presentarme a una entrevista.

Your skills and abilities

I am well organized/a good communicator.
Soy muy organizado/un buen comunicador.

I am very reliable/motivated.
Soy de confianza/Estoy muy motivado.

I work well under pressure.
Trabajo bien en situaciones de estrés.

I like meeting people.
Me gusta estar con gente.

I enjoy working as part of a team.
Me gusta trabajar formando parte de un equipo.

I have excellent IT skills.
Tengo unos conocimientos informáticos excelentes.

I speak fluent English/Spanish.
Hablo inglés/español con fluidez.

Your experience

I have experience looking after children/of working in a shop.
Tengo experiencia cuidando niños/de haber trabajado en una tienda.

I have a Saturday job in a café.
Trabajo los sábados en una cafetería.

I have been working as a waiter for three years.
Llevo tres años trabajando en hostelería.

I write for our school magazine.
Escribo para la revista del colegio.

I have designed my own website.
He diseñado mi propia página web.

10 EL CARÁCTER Y EL COMPORTAMIENTO

CHARACTER AND BEHAVIOUR

comportarse	to behave
portarse	to behave
dominarse	to control oneself
obedecer	to obey
desobedecer	to disobey
reñir	to scold
llevarse una regañina	to be told off
enfadarse	to get angry
pedir disculpas	to apologize
perdonar	to forgive
castigar	to punish
recompensar	to reward
atreverse	to dare
insultar	to insult
el carácter	character
la manera de ser	character
el comportamiento	behaviour
la conducta	behaviour, conduct
el instinto	instinct
una disculpa	excuse
un castigo	punishment
una recompensa	reward
una reprimenda	telling-off
la alegría	cheerfulness
la amabilidad	kindness
la arrogancia	arrogance

la astucia	craftiness; trick
la bondad	goodness, kindness
la buena educación	politeness
los celos	jealousy
la crueldad	cruelty
la desidia	heedlessness
el encanto	charm
la envidia	envy
la fanfarronería	boastfulness
la grosería	rudeness
la habilidad	skill
la honradez	honesty
el humor	mood; humour
la impaciencia	impatience
la insolencia	insolence
la inteligencia	intelligence
la intolerancia	intolerance
la locura	madness
la mala educación	impoliteness
la maldad	wickedness
la obediencia	obedience
el orgullo	pride
la paciencia	patience
la pereza	laziness
la prudencia	caution
el sentido común	common sense
la timidez	shyness, timidity
la tristeza	sadness
la vanidad	vanity
la vergüenza	shame, embarrassment
aburrido	boring; bored
agradable	nice, pleasant
alegre	cheerful
amable	kind, nice
arrepentido	sorry

arrogante	arrogant
astuto	astute, shrewd
atolondrado	scatterbrained
avergonzado	ashamed, embarrassed
bueno	good, good-natured
celoso	jealous
cruel	cruel
curioso	curious
decente	decent
de confianza	reliable
descarado	cheeky
descuidado	careless
desobediente	disobedient
desordenado	untidy
despreocupado	thoughtless
discreto	discreet
distraído	absent-minded
divertido	amusing
educado	polite
encantador	charming
enfadado	angry
envidioso	envious
estupendo	terrific
extraño	strange, odd
extrovertido	outgoing
fanfarrón	boastful
feliz	happy
gay	gay
gracioso	funny
grosero	rude, coarse
habilidoso	skilful
hablador	talkative
hetero	straight
honrado	honest
idiota *(m/f)*	stupid
imbécil	stupid

impaciente	impatient
impulsivo	impulsive
indiferente	indifferent
ingenioso	witty
ingenuo	naïve
insociable	unsociable
insolente	insolent
inteligente	intelligent
intransigente	intolerant
irritante	annoying
latoso	tiresome
loco	crazy
maleducado	rude
malo	wicked, bad
modesto	modest
natural	natural
obediente	obedient
optimista *(m/f)*	optimistic
orgulloso	proud
paciente	patient
perezoso	lazy
perspicaz	shrewd
pesimista *(m/f)*	pessimistic
pobre	poor
presumido	vain
prudente	cautious, careful
raro	strange, funny
razonable	sensible, reasonable
respetable	respectable
respetuoso	respectful
salado	witty, amusing
satisfecho	satisfied
seguro de sí mismo	confident
sensible	sensitive
serio	serious
simpático	friendly, nice

sorprendente	surprising
temperamental	moody, temperamental
terco	stubborn
tímido	shy, timid
tolerante	tolerant
tonto	silly, stupid
torpe	clumsy
trabajador	hard-working
tranquilo	quiet, calm
travieso	mischievous, naughty
triste	sad, unhappy
valiente	courageous
vanidoso	vain

yo la encuentro muy simpática
I think she's very nice

tiene buen/mal carácter
he is good-/ill-natured

está de (muy) buen/mal humor
he's in a (very) good/bad mood

perdone que le moleste
I'm sorry to disturb you

lo siento (mucho)
I'm (really) sorry

le ruego me disculpe por llegar tarde
I do apologise for being late

Inf ¡**se puso verde de envidia cuando vio mi traje nuevo!**
she was green with envy when she saw my new outfit!

Note

★ Remember the difference between the verbs ser and estar (both 'to be'): ser is used for permanent characteristics, while estar is used for changeable states. Be careful in particular not to confuse them when using aburrido, which can mean either 'bored' or 'boring':

no me gusta la geografía, estoy aburrido
I don't like geography, I'm bored

esta novela es muy aburrida
this novel is really boring

★ There are several different ways to excuse yourself in Spanish. Perdón is used by itself, for instance when you accidentally bump into someone, while the imperative forms of the verb perdonar (informal: perdona; formal: perdone) and the phrase lo siento are used within a sentence.

¡ay perdona! no te había visto
oh sorry! I didn't see you

perdone, pero me tengo que ir
I'm sorry but I have to go

perdona que te moleste
I'm sorry to bother you

perdone por el retraso
sorry I'm late

lo siento, pero no será posible terminarlo hoy
I'm sorry but it won't be possible to finish it today

The lo in lo siento literally means 'it', so is omitted when you name the thing you are sorry for:

sentimos la molestia
we are sorry for the disturbance

11 LAS EMOCIONES
EMOTIONS

el mal humor	anger
estar...	to be...
de mal humor	in a bad mood
enfadado	angry
indignado	indignant
furioso	furious
rabioso	in a rage
tener mal genio	to be bad-tempered
enfadarse	to get angry, to lose one's temper
indignarse	to become indignant
excitarse	to get excited/worked up
chillar	to shout
golpear	to hit
abofetear	to slap (on the face)
el mal humor	bad mood
el mal genio	bad temper
la indignación	indignation, anger
la furia	fury
la tensión	tension, stress
un grito	cry, shout
un golpe	blow
una bofetada	slap (on the face)
la tristeza	sadness
llorar	to cry
echarse a llorar	to burst into tears
sollozar	to sob
suspirar	to sigh
consternar	to dismay

decepcionar	to disappoint
deprimir	to depress
afligir	to distress
conmover	to move, to touch
afectar	to affect, to hurt
apiadarse de	to take pity on
consolar	to comfort, to console
la decepción	disappointment
la morriña	homesickness
la melancolía	melancholy
la nostalgia	nostalgia; homesickness
la depresión	depression
la pena	grief, sorrow
la tristeza	sadness
el sufrimiento	suffering
la angustia	anguish, distress
el fracaso	failure
la mala suerte	bad luck
la desgracia	misfortune, bad luck
una lágrima	tear
un sollozo	sob
un suspiro	sigh
decepcionado	disappointed
melancólico	gloomy
triste	sad
apenado	distressed; sorry
deprimido	depressed
inconsolable	heartbroken
destrozado	devastated

el miedo y las preocupaciones

fear and worry

tenerle miedo (a)	to be frightened (of)
tener miedo (de)	to be frightened (of)
temer	to fear

asustar	to frighten
asustarse	to get a fright
atemorizar	to frighten
estar preocupado (con/por)	to be worried (about)
temblar	to tremble, to shake
estremecerse	to shiver

el miedo	fear
el temor	fear
el terror	terror, dread
la inquietud	anxiety
un susto	fright, shock
un problema	problem
una preocupación	worry
un escalofrío	shiver

aprensivo	fearful, apprehensive
asustado	afraid
muerto de miedo	scared to death
preocupado	worried, anxious
nervioso	nervous
espantoso	frightening

la alegría y la felicidad — joy and happiness

sonreír	to smile
echarse a reír	to burst out laughing
reírse (de)	to laugh (at)
reírse a carcajadas	to roar with laughter
besar	to kiss
divertirse	to have fun

la felicidad	happiness
la alegría	joy
la satisfacción	satisfaction
la risa	laughter
el amor	love
la suerte	luck

el éxito	success
una sonrisa	smile
una carcajada	burst of laughter
un flechazo	love at first sight
una sorpresa	surprise
un beso	kiss
encantado	delighted
contento	pleased
feliz	happy
radiante	radiant
enamorado	in love

---

tiene miedo de los perros
he/she's frightened of dogs

echa de menos a su hermano
he/she misses his/her brother

estoy muy harta de sus comentarios
I'm really fed up with his/her comments

Inf **mi padre se subía por las paredes**
my dad went ballistic

Inf **me parto de risa con sus chistes**
his/her jokes crack me up!

Note

The Spanish translation of 'to miss' is **echar de menos**. When talking about missing a person, remember to insert the 'personal a':

echa de menos a su hermano
he/she misses his/her brother

echo mucho de menos mi pueblo
I really miss my home town

12 LOS SENTIDOS
THE SENSES

la vista	**sight**
ver	to see; to watch
mirar	to look at; to watch
observar	to observe, to watch
examinar	to examine, to study closely
ver de refilón	to catch a glimpse of
mirar de reojo (a)	to look out of the corner of one's eye (at)
echar un vistazo a	to glance at
mirar fijamente	to stare at
mirar a hurtadillas	to peek at
encender	to switch on *(the light)*
apagar	to switch off *(the light)*
deslumbrar	to dazzle
cegar	to blind
alumbrar	to light up
aparecer	to appear
desaparecer	to disappear
reaparecer	to reappear
ver la tele	to watch TV
la vista	sight *(sense)*; view
un espectáculo	sight *(seen)*; show
una escena	sight *(seen)*; scene
un color	colour
la luz	light
la claridad	brightness
la oscuridad	darkness
un ojo	eye
unas gafas	glasses
unas lentillas	contact lenses

una lupa	magnifying glass
unos prismáticos	binoculars
un microscopio	microscope
un telescopio	telescope
el braille	Braille
brillante	bright
pálido	pale
claro	light
chillón	bright
deslumbrante	dazzling
oscuro	dark

el oído — hearing

oír	to hear
escuchar	to listen (to)
susurrar	to whisper
cantar	to sing
tararear	to hum
silbar	to whistle
zumbar	to buzz
crujir	to creak
sonar	to ring
retumbar	to thunder
ensordecer	to deafen
callarse	to be silent
dar un portazo	to slam the door
un ruido	noise, sound
un sonido	sound
un estrépito	racket
un susurro	whisper
una canción	song
la voz	voice
un zumbido	buzzing
una explosión	explosion
un crujido	creaking

un estruendo	din
el eco	echo
el oído	inner ear; hearing
una oreja	ear
un audífono	hearing-aid
un altavoz	loudspeaker
unos auriculares	earphones, headphones
unos altavoces	speakers
una radio	radio
un reproductor de CDs	CD player
un discman®	personal CD player
un reproductor de MP3	MP3 player
una sirena	siren
el morse	Morse code
ruidoso	noisy
silencioso	silent
fuerte	loud *(sound)*
alto	loud *(noise)*
débil	faint
ensordecedor	deafening
sordo	deaf
algo sordo	hard of hearing
mudo	mute

el tacto — touch

tocar	to touch
acariciar	to stroke
rozar	to brush, to graze
frotar	to rub
golpear	to knock, to hit
rascar	to scratch
el tacto	touch
las puntas de los dedos	fingertips
el roce	graze
una caricia	stroke

un golpe	blow
un apretón de manos	handshake
liso	smooth
áspero	rough
suave	soft, smooth
blando	soft, tender
duro	hard
caliente	hot
frío	cold

el gusto — taste

probar	to taste
degustar	to taste
saborear	to savour
comer	to eat
masticar	to chew
tragar	to swallow
engullir	to gobble up
beber	to drink
lamer	to lick
sorber	to sip
salar	to salt
endulzar	to sweeten
sazonar	to spice, to season
el gusto	taste
la boca	mouth
la lengua	tongue
la saliva	saliva
las papilas gustativas	taste buds
el apetito	appetite
sabroso	tasty
apetitoso	appetizing
rico	delicious
delicioso	delicious

bueno	nice
malo	horrible
dulce	sweet
azucarado	sweet
salado	salted, salty
ácido	tart
agrio	sharp, sour
amargo	bitter
picante	spicy, hot
fuerte	strong, hot
soso	tasteless, unseasoned
insípido	bland

el olfato   smell

oler (a)	to smell (of)
olfatear	to sniff
oler bien/mal	to smell nice/horrible
apestar	to stink
el olfato	(sense of) smell
la nariz	nose
un olor	smell
un aroma	scent
un perfume	perfume
una fragancia	aroma, fragrance
una peste	stench
perfumado	fragrant, scented
maloliente	stinking
inodoro	odourless

---

oí cantar al niño	**es suave al tacto**
I heard the child singing	it feels soft
¡se me hace la boca agua!	**este café sabe a jabón**
it makes my mouth water	this coffee tastes of soap

---

este chocolate tiene un sabor raro
this chocolate tastes funny

esta habitación huele a humo
this room smells of smoke

Inf **sabía a gloria**
it tasted fantastic

Inf **¡estos calcetines apestan!**
these socks stink!

Inf **¡su piso apesta a humo!**
their flat stinks of smoke

Inf **sin lentillas no veo tres en un burro**
I'm as blind as a bat without my contacts

Inf **tendrás que gritar, está más sordo que una tapia**
you'll have to shout, he's as deaf as a post

See also sections

4 THE HUMAN BODY, 6 HEALTH, ILLNESSES AND DISABILITIES, 15 FOOD *and* **64 COLOURS.**

13 LOS GUSTOS Y LAS PREFERENCIAS

LIKES AND DISLIKES

gustar	to like
agradar	to please
encantar	to love
querer	to want; to love *(person)*
necesitar	to need
desear	to want, to wish
desagradar	to displease
detestar	to detest
odiar	to hate
despreciar	to despise
preferir	to prefer
elegir	to choose
escoger	to choose
comparar	to compare
el gusto	taste
la afición	liking
la necesidad	need
el deseo	wish, desire
las ganas	desire
la aversión	aversion, dislike
el odio	hatred
el desprecio	scorn
la elección	choice
la comparación	comparison
la preferencia	preference
el contraste	contrast
la diferencia	difference
el parecido	similarity

igual (a/que)	the same (as)
idéntico (a/que)	identical (to)
parecido (a)	similar (to), like
similar (a)	similar (to)
como	like
en relación con	in relation to
más/menos	more/less
mucho	a lot
muchísimo	enormously, a great deal
mucho más/menos	a lot more/less
bastante más/menos	quite a lot more/less

---

este libro me gusta
I like this book

le encantan las aceitunas
he/she loves olives

el rojo es mi color preferido
red is my favourite colour

prefiero el café al té
I prefer coffee to tea

tengo ganas de salir
I'd like to go out

Inf **¿te gusta él?**
do you fancy him?

Inf **¿te apetece ir a tomar algo?**
fancy going for a drink?

Inf **no puedo soportar a ese tío**
I can't stand that guy

Note

Note that when talking about liking something in Spanish, the sentence structure is the opposite to in English, with the thing liked becoming the subject:

este libro me gusta
I like this book
(lit. 'this book pleases me')

a Paco le encantan las uvas
Paco loves grapes
(lit. 'grapes please Paco a lot')

Note—cont'd

The same applies when gustar and encantar are used to talk about wishes and desires:

a **Lucia** le **gustaría ir a la playa**
Lucia would like to go to the beach
(lit. 'going to the beach would please Lucia')

me **encantaría volver a verla**
I'd love to see her again
(lit. 'seeing her again would please me a lot')

14 La Rutina Cotidiana y El Sueño

DAILY ROUTINE AND SLEEP

despertar(se)	to wake up
estar medio dormido	to be half asleep
estirarse	to stretch
bostezar	to yawn
levantarse	to get up
correr las cortinas	to open the curtains
abrir las contraventanas	to open the shutters
subir la persiana	to roll the blind up
ir al servicio/cuarto de baño	to go to the toilet/bathroom
lavar(se)	to wash (oneself)
lavarse la cara	to wash one's face
lavarse las manos	to wash one's hands
lavarse los dientes	to brush one's teeth
lavarse el pelo/la cabeza	to wash one's hair
ducharse	to have a shower
bañarse	to have a bath
jabonarse	to soap oneself
secarse	to dry oneself
secarse las manos	to dry one's hands
secarse el pelo	to dry one's hair
afeitarse	to shave
peinarse	to comb one's hair
cepillarse el pelo	to brush one's hair
maquillarse	to put one's make-up on, to put on make-up
pintarse	to put one's make-up on, to put on make-up
ponerse las lentillas	to put in one's contact lenses

vestirse	to get dressed
hacer la cama	to make the bed
desayunar	to have breakfast
prepararse	to get ready
ir al colegio	to go to school
ir a la oficina/al trabajo	to go to the office/to work
coger el autobús	to take the bus
volver a casa	to go/come home
volver del colegio/trabajo	to come back from school/work
hacer los deberes	to do one's homework
merendar	to have an afternoon snack
descansar	to have a rest
echarse la siesta	to have a nap
ver la televisión	to watch television
leer	to read
jugar	to play
dar de comer al gato/perro	to feed the cat/dog
regar las plantas	to water the plants
cenar	to have dinner
echar el cerrojo	to lock the door
dar las buenas noches	to say good night
irse a acostar	to go to bed
bajar la persiana	to roll the blind down
correr las cortinas	to draw the curtains
cerrar las contraventanas	to close the shutters
desvestirse	to undress
meterse en la cama	to get into bed
poner el despertador	to set the alarm clock
apagar la luz	to switch the light off
dormirse	to fall asleep
dormir	to sleep
quedarse dormido	to fall asleep; to oversleep
soñar	to dream
tener insomnio	to suffer from insomnia
pasar la noche en vela	to have a sleepless night

el aseo	**washing**
el jabón	soap
la pasta de dientes	toothpaste
el champú	shampoo
el gel de ducha	shower gel
el desodorante	deodorant
la loción corporal	body lotion
el papel higiénico	toilet paper
una toalla	towel
una toalla de baño	bath towel
un albornoz	bathrobe
un gorro de ducha	shower cap
una esponja	sponge
un cepillo	brush
un peine	comb
un cepillo de dientes	toothbrush
un secador del pelo	hair dryer
un peso de baño	bathroom scales
generalmente	usually
por la mañana	in the morning
por la tarde	in the evening/afternoon
por la noche	at night
todos los días	every day
luego	then

---

puse el despertador a las siete
I set my alarm clock for seven

no soy trasnochador; me acuesto temprano
I'm not a night owl; I go to bed early

esta mañana me quedé dormida y llegué tarde al trabajo
this morning I overslept and was late for work

siempre llego tarde
I'm always late

Inf **he dormido como un lirón**
I slept like a log

Inf **no he pegado ojo**
I didn't sleep a wink

Inf **estoy hecho polvo**
I'm shattered

Note

★ Many daily grooming activities are expressed in Spanish using a reflexive verb (because you are doing something to yourself): **levantarse, ducharse, lavarse, lavarse los dientes, afeitarse, peinarse** etc. Remember to use the correct pronoun:

me peino I comb my hair	**te maquillas** you put your make-up on	**se lava los dientes** he/she brushes his/ her teeth
nos lavamos we wash (ourselves)	**os vestís** you get dressed	**se afeitan** they shave

Note the construction with reflexive verb + definite article:

me lavo el pelo I wash my hair	**me pongo las lentillas** I put my contact lenses in

★ The verb **soler** is very useful to describe a regular activity. It is followed by an infinitive:

suelo levantarme temprano I usually get up early	**solía ir al colegio andando** I used to walk to school

Homework help

First... **Primero...**	Then... **Luego...**
Next... **A continuación...**	After that... **Después de eso...**
I always... **Siempre...**	I never... **Nunca ...**
I usually... **Normalmente...**	I sometimes... **A veces...**

Before school...	After school...
Antes del colegio...	**Después del colegio...**
At lunchtime...	On Mondays...
A la hora de comer...	**Los lunes...**
At the weekend...	I have to...
El fin de semana...	**Tengo que...**

I'm allowed to/not allowed to...
Me permiten/No me permiten...

See also sections

15 FOOD, 17 HOUSEWORK, 23 MY ROOM *and* **56 ADVENTURES AND DREAMS.**

15 La Comida

Food

comer	to eat
beber	to drink
probar	to taste
picar	to taste; to have a snack
cocinar	to cook
hacer	to make
ser vegetariano	to be vegetarian
ser vegano	to be vegan
estar a dieta	to be on a diet
delicioso	delicious
sabroso	tasty
rico	delicious

las comidas — meals

el desayuno	breakfast
la comida	lunch
la merienda	tea *(afternoon snack)*
la cena	dinner
un entremés	starter
el primer plato	first course
el segundo plato	main course
el postre	dessert
las tapas	tapas, nibbles
una ración	portion
un bocadillo	sandwich

las bebidas — drinks

el agua *(f)*	water
el agua mineral *(f)*	mineral water
un agua mineral *(f)* con/sin gas	sparkling/still mineral water

la leche	milk
el té	tea
un té con limón	lemon tea
un té con leche	tea with milk
el café	coffee
un café solo	black coffee, espresso
un café con leche	white coffee
un cortado	small coffee with a dash of milk
una infusión	herbal tea
una tila	lime tea
una manzanilla	camomile tea
un refresco	soft drink
un zumo de manzana	apple juice
un zumo de naranja natural	fresh orange juice
un granizado	crushed-ice drink
un refresco de naranja/limón	orange/lemon squash
una bebida con gas	fizzy drink
una coca-cola®	Coke®
la gaseosa	lemonade
una bebida energética	energy drink
una bebida alcohólica	alcoholic drink
una botella de cerveza	bottle of beer
una caña	glass of beer
una clara	shandy
la sidra	cider
el vino	wine
el (vino) tinto	red wine
el (vino) blanco	white wine
el (vino) rosado	rosé
la sangría	sangria
un cóctel	cocktail
el alcohol	spirits
el jerez	sherry
el coñac	brandy
el champán	champagne
los licores	liqueurs

| el anís | aniseed-flavoured liqueur |
| la ginebra | gin |

los condimentos — herbs and seasonings

la sal	salt
la pimienta	pepper
el pimentón	paprika
el azúcar	sugar
la mostaza	mustard
el vinagre	vinegar
el aceite	oil
el ajo	garlic
la cebolla	onion
las especias	spices
el perejil	parsley
el tomillo	thyme
una hoja de laurel	bay leaf
la nuez moscada	nutmeg
el azafrán	saffron
la canela	cinnamon
un chile	chilli

el desayuno — breakfast

el pan	bread
el pan integral	wholemeal bread
una barra de pan	baguette
el pan tostado	toast
un rebanada de pan con miel	slice of bread and honey
un bollo	bun; bread roll
la mantequilla	butter
la margarina	margarine
la mermelada	jam; marmalade
la miel	honey
la mantequilla de cacahuete	peanut butter
los churros	long doughnuts
los cereales	cereal

el muesli	muesli
el yogur	yoghurt

las verduras y hortalizas — vegetables

unos guisantes	peas
unas judías verdes	green beans
un puerro	leek
una patata	potato
una zanahoria	carrot
una col	cabbage
una berza	cabbage
un repollo	cabbage
una coliflor	cauliflower
unas coles de Bruselas	Brussels sprouts
una lechuga	lettuce
unas espinacas	spinach
unos champiñones	mushrooms
una alcachofa	artichoke
unos espárragos	asparagus
un pimiento	pepper
una berenjena	aubergine
un calabacín	courgette
un rábano	radish
un tomate	tomato
un pepino	cucumber
una ensalada	salad
una ensalada variada	mixed salad
las patatas fritas	chips; crisps
el arroz	rice
las lentejas	lentils

las carnes — meat

el cerdo	pork
la ternera	veal; beef
el cordero	lamb
la carne de caballo	horsemeat
el pollo	chicken

el pavo	turkey
el pato	duck
el conejo	rabbit
un filete	steak
un bistec	steak, beefsteak
una chuleta	chop
un escalope	escalope
el solomillo	sirloin steak
la ternera asada	roast veal
un estofado	stew
la carne picada	mince
una hamburguesa	hamburger
los riñones	kidneys
el hígado	liver
los fiambres	cold meat, ham and pâtés
los embutidos	assorted cold sausages/salami
una salchicha	sausage
una morcilla	black pudding
el salchichón	salami-type sausage
el chorizo	cured red sausage
el jamón serrano/York	cured ham/cooked ham

los pescados y los mariscos fish and seafood

el atún	tuna
el bacalao	cod
el besugo	sea bream
el bonito	tuna
el lenguado	sole
el salmón	salmon
la merluza	hake
la pescadilla	whiting
las sardinas	sardines
la trucha	trout
las almejas	clams
los calamares	squid
las gambas	prawns
la langosta	lobster

los mejillones	mussels
las ostras	oysters
el pulpo	octopus

los huevos
eggs

un huevo duro	hard-boiled egg
un huevo pasado por agua	soft-boiled egg
un huevo frito	fried egg
un huevo escalfado	poached egg
unos huevos revueltos	scrambled eggs
una tortilla francesa	omelette
una tortilla española	potato omelette, Spanish omelette
una tortilla de patata	potato omelette, Spanish omelette

las pastas alimenticias
pasta

los tallarines	noodles
los fideos	thin noodles
los espaguetis	spaghetti
los macarrones	macaroni

los platos típicos
traditional dishes

el gazpacho	cold cucumber and tomato soup
la sopa de mariscos	seafood soup
la fabada	bean casserole with pork, black pudding and sausage
el cocido madrileño	noodle soup, chickpeas, meat and red sausage
la paella	paella, yellow rice with seafood and/or chicken
el lechazo al horno	small whole roast lamb
los calamares a la romana	squid rings fried in batter
el pulpo a la gallega	octopus in red sauce
el pisto	vegetables cooked in oil
el bacalao al pil-pil	cod cooked in garlic and olive oil
en su punto	medium *(meat)*
poco hecho	rare *(meat)*
pasado	overcooked; well done *(meat)*

empanado	breaded, covered in breadcrumbs
relleno	stuffed
frito	fried
hervido	boiled
asado	roast
salteado	sautéed, pan-fried

las frutas — fruit

una manzana	apple
una pera	pear
un albaricoque	apricot
un melocotón	peach
una ciruela	plum
un melón	melon
una sandía	watermelon
una piña	pineapple
un plátano	banana
una naranja	orange
un limón	lemon
un pomelo	grapefruit
una mandarina	tangerine
una fresa	strawberry
una mora	blackberry
una frambuesa	raspberry
una cereza	cherry
unas uvas blancas/negras	white/black grapes
la fruta	fruit

los postres — desserts

una tarta	gâteau, cake
unos pasteles	pastries
un flan	crème caramel
unas natillas	cold custard
un helado	ice-cream
el queso	cheese
una macedonia de frutas	fruit salad

las golosinas

el chocolate	chocolate
una chocolatina	chocolate bar *(small)*
una tableta de chocolate	bar of chocolate
las galletas	biscuits
el turrón	nougat
un polo	ice lolly
un bombón helado	choc-ice
unos caramelos	sweets
unos bombones	chocolates
un chicle	chewing gum
unas almendras garrapiñadas	almonds coated in caramel
un chupa-chups®	lollipop

sweet things

los sabores

dulce	sweet
salado	salty, savoury
amargo	bitter
ácido	sour
picante	hot *(spicy)*
insípido	tasteless

tastes

¿qué vas a tomar?
what are you having?

tomaré...
I'll have...

no como carne/pescado
I don't eat meat/fish

estoy a dieta
I'm on a diet

soy alérgico a los frutos secos
I'm allergic to nuts

es bueno comer fruta
fruit is good for you

no es bueno comer patatas fritas
chips are bad for you

¿nos pedimos una pizza?
shall we order a pizza?

¿vamos a un chino?
shall we go for a Chinese?

Inf **¡me muero de hambre!**
I'm starving!

Inf **¡estoy hinchado!**
I'm stuffed!

Note

★ La coliflor is one of the few feminine words ending in -or.
The others are la flor (flower), la labor (work) and la sor
(nun).

★ Note that the word el pescado is only used for fish as a
food. A live fish is un pez.

★ The word un sandwich is used in Spanish but only to mean a
sandwich on sliced bread. A sandwich in a roll or baguette
is un bocadillo.

★ Spanish bars and cafés serve various types of coffee, but
the words you will hear most often are: un café con leche
(a large, milky coffee), un café solo (a small, strong, black
coffee), un café cortado (a small, strong coffee with a dash of
milk).

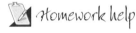 Homework help

We should eat more/less...
Deberíamos comer más/menos...

It's important...	to eat healthy food.
Es importante...	**comer comida sana.**
	to eat five portions of fruit and vegetables a day.
	comer cinco piezas de fruta y verduras al día.
	to have a balanced diet.
	llevar una dieta equilibrada.
	to know how to cook.
	saber cocinar.

But... **Pero...**	children don't like vegetables. **a los niños no les gusta la verdura.**
	people don't have time to cook. **la gente no tiene tiempo para cocinar.**
	I don't know how to cook. **no sé cocinar.**
	organic food is too expensive. **los alimentos ecológicos son demasiado caros.**
	I like junk food. **me gusta la comida basura.**
	too much salt/fat isn't healthy. **tomar demasiada sal/grasa no es sano.**
I think... **Creo que...**	we should learn to cook at school. **deberíamos aprender a cocinar en el colegio.**
	buying ready meals is lazy. **comprar comida preparada es de gente perezosa.**
	school dinners are awful. **las comidas del colegio son horribles.**
	it's ok to eat junk food occasionally. **no pasa nada si se come comida basura de vez en cuando.**
I'm vegetarian because... **Soy vegetariano porque...**	it's cruel to kill animals. **es cruel matar a los animales.**
	I don't like meat. **no me gusta la carne.**

vegetarian food is healthier.
la comida vegetariana es más sana.

eating meat is against my religion.
comer carne va contra mi religión.

I don't eat chocolate because...
No como chocolate porque...

it's fattening.
engorda.

I'm on a diet.
estoy a dieta.

I don't like sweet things.
no me gustan los dulces.

I'm allergic to dairy products.
soy alérgico a los productos lácteos.

See also sections

5 HOW ARE YOU FEELING?, 17 HOUSEWORK, 22 EVENINGS OUT, 62 QUANTITIES *and* **63 DESCRIBING THINGS.**

16 FUMAR
SMOKING

fumar	to smoke
encender	to light
apagar	to put out; to stub out
el tabaco	tobacco
un cigarro	cigarette
un cigarrillo	cigarette
un cigarrillo de liar	roll-up
un paquete de tabaco	packet of cigarettes
un paquete de tabaco de liar	packet of tobacco
unos papelillos	cigarette papers
una pipa	pipe
un puro	cigar
una cerilla	match
un encendedor	lighter
una colilla	cigarette end
la ceniza	ash
un cenicero	ashtray
el humo	smoke
un fumador	smoker
un no fumador	non-smoker
no fumar	non-smoking
zona de fumadores	smoking area
prohibición de fumar	smoking ban
pausa para echar un cigarillo	cigarette break
un fumador pasivo	passive smoker

> ¿fumador o no fumador?
> smoking or non-smoking?
>
> **no está permitido fumar en el restaurante**
> smoking is not permitted in the restaurant
>
> **¿tienes fuego?**   *Inf* **¿alguien tiene tabaco?**
> have you got a light?   has anyone got any fags?

 Homework help

I don't smoke.
No fumo.

I don't approve of smoking.
No estoy de acuerdo con que la gente fume.

I smoke about...cigarettes a day/a week.
Me fumo unos...cigarillos al día/a la semana.

I'm in favour of/against the smoking ban.
Estoy a favor/en contra de la prohibición de fumar.

Some people... **Alguna gente...**	think smoking is cool. **piensa que fumar es guay.**
	smoke because their friends do. **fuma porque sus amigos también lo hacen.**
	say the smoking ban is unfair. **dice que la prohibición de fumar no es justa.**
But... **Pero...**	smoking is bad for your health. **fumar es malo para la salud.**
	smoking can cause cancer. **fumar puede provocar cáncer.**

passive smoking is dangerous.
ser fumador pasivo es peligroso.

cigarettes are expensive.
el tabaco es caro.

In my opinion...
En mi opinión...

cigarettes smell horrible.
el tabaco huele fatal.

smoking should be banned in pubs.
debería estar prohibido fumar en los bares.

people should be allowed to smoke where they want.
deberían dejar fumar a la gente donde ellos quieran.

See also section

34 TOPICAL ISSUES.

17 LOS QUEHACERES DOMÉSTICOS

HOUSEWORK

las faenas	**chores**
hacer la comida/cena	to prepare lunch/dinner
fregar los platos	to do the washing-up
lavar la ropa	to do the washing
hacer la limpieza	to clean
barrer	to sweep
limpiar el polvo	to dust
pasar la aspiradora	to vacuum
hacer las camas	to make the beds
fregar el suelo	to mop the floor
poner la mesa	to set the table
quitar la mesa	to clear the table
ordenar	to tidy up
recoger	to put away, to clear
lavar	to wash
aclarar	to rinse
secar	to dry
coser	to sew
planchar	to iron
preparar	to prepare
cortar	to cut, to chop
picar	to chop
rallar	to grate
pelar	to peel
cocinar	to cook
hervir	to boil
freír	to fry
asar	to roast

tostar	to grill; to toast
ayudar	to help
echar una mano	to give a hand
ser ordenado	to be tidy
ser desordenado	to be messy

los que hacen el trabajo

people who work in the house

el ama de casa *(f)*	housewife
la señora de la limpieza	cleaner
la chica de servicio	maid
la au-pair	au pair
la niñera	nanny

los electro-domésticos

electrical appliances

un aparato	gadget
una aspiradora	vacuum-cleaner
una lavadora	washing machine
una secadora	spin-dryer; tumbledryer
una plancha	iron
una máquina de coser	sewing machine
una cafetera	coffee machine
una batidora	mixer, liquidizer
un robot de cocina	food processor
una licuadora	juice extractor
un (horno) microondas	microwave (oven)
un frigorífico	fridge
un congelador	freezer
un lavaplatos	dishwasher
una cocina eléctrica/de gas	electric/gas cooker
un horno	oven
un tostador	toaster
una sandwichera	sandwich toaster
el gas	gas
la electricidad	electricity

los utensilios

un trapo del polvo	cloth, duster
una bayeta	floorcloth
un plumero	feather duster
un cepillo y un recogedor	dustpan and brush
una escoba	broom
una fregona	mop
un cepillo	brush
una escobilla del water	toilet brush
un paño de cocina	tea towel
un escurreplatos	dish-drainer
una tabla de plancha	ironing board
una cacerola	saucepan
un cazo	(long-handled) saucepan
una sartén	frying pan
una olla a presión	pressure cooker
un rodillo	rolling pin
una espátula	spatula
una cuchara de madera	wooden spoon
un abrelatas	tin opener
un abrebotellas	bottle opener
un sacacorchos	corkscrew
un mortero	mortar and pestle
un peso de cocina	kitchen scales
una bizcochera	cake tin
los productos de limpieza	cleaning products
un lavavajillas	washing-up liquid
un detergente	washing powder
un suavizante	fabric softener
la lejía	bleach
un tendedero	clothes horse
las pinzas de la ropa	clothes pegs
la cesta de la ropa	laundry basket
un ambientador	air freshener

utensils (column heading)

los cubiertos — cutlery

una cuchara	spoon
una cucharilla	teaspoon
un tenedor	fork
un tenedor de postre	cake/dessert fork
una pala de pescado	fish knife
un cuchillo	knife
un cuchillo de postre	dessert knife
un cuchillo de cocina	kitchen knife
un cuchillo de pan	bread knife

la vajilla — dishes

un plato	plate
una taza	cup
un tazón	mug
un vaso	glass
una copa	wine glass
un plato sopero	soup plate
un plato de postre	dessert plate
una fuente	dish
una sopera	soup tureen
un salero	saltcellar
un azucarero	sugar bowl
una huevera	egg cup
una tetera	teapot
una cafetera	coffeepot

---

el trabajo de la casa lo hacemos entre los dos
we share the housework

te toca a ti poner/quitar la mesa
it's your turn to set/clear the table

Inf ¡tu habitación es un estercolero!
your room is a total pigsty!

Note

The word el lavavajillas can mean both 'dishwasher' and 'washing-up liquid'.

See also sections

15 **FOOD** *and* 24 **THE HOUSE.**

18 LAS COMPRAS

SHOPPING

comprar	to buy
costar	to cost
gastar	to spend
regatear	to haggle
cambiar	to exchange
pagar	to pay
vender	to sell
saldar	to sell at a reduced price
ir de compras	to go shopping
ir de tiendas	to go shopping
hacer la compra	to do the shopping
abierto	open
cerrado	closed
barato	cheap
caro	expensive
gratis	free
rebajado	reduced
de oferta	on special offer
de segunda mano	second-hand
usado	used, second-hand
una ganga	bargain
la clientela	customers, clientele
el cliente	customer
el dependiente	shop assistant

las tiendas y los establecimientos comerciales

shops and businesses

la agencia de viajes	travel agent's
una boutique	boutique

la carnicería	butcher's
el centro comercial	shopping centre
la confitería	baker's and cake shop
la droguería	hardware shop
el estanco	tobacconist and stamp seller
la farmacia	chemist's
la ferretería	ironmonger's
la floristería	florist's
el fotógrafo	photographer
la frutería	greengrocer
los grandes almacenes	department store
el hiper(mercado)	hypermarket
la joyería	jeweller's
el kiosco de prensa	newsstand
la lavandería	laundry
la lavandería automática	launderette
la librería	bookshop
el mercadillo	street market
el mercado	market
el mercado cubierto	indoor market
la óptica	optician's
la panadería	baker's
la papelería	stationer's
la pastelería	cake shop
la peluquería	hairdresser's
la pescadería	fishmonger's
el supermercado	supermarket
una tienda de animales	pet shop
la tienda de artículos de piel	leather goods shop
la tienda de artículos de regalo	gift shop
una tienda de beneficencia	charity shop
la tienda de comestibles	grocer's
la tienda de deportes	sports shop
la tienda de discos	music shop, CD shop
la tienda de souvenirs	souvenir shop
la tienda de ultramarinos	grocer's
la tienda de vinos y licores	off-licence

la tintorería	dry cleaner's
la zapatería	shoe shop
el zapatero	cobbler's
un carrito	trolley
un cesto (de la compra)	shopping basket
una bolsa	bag
una bolsa de plástico	plastic bag
las compras a través de Internet	online shopping
un pedido	order
una entrega	delivery
el precio	price
la caja	till
el dinero suelto	(small) change
la vuelta	change
una tarjeta de crédito	credit card
un número secreto	PIN number
una tarjeta de fidelización	loyalty card
las rebajas	sales
un mostrador	counter
una sección	department
un probador	fitting room
un escaparate	shop window
el número (de calzado)	(shoe) size
la talla	size

---

me voy a la compra
I'm going to do the shopping

¿qué deseaba?
can I help you?

quería un kilo de manzanas
I would like two pounds of apples please

¿tiene queso manchego?
have you got any Manchego cheese?

---

póngame un cuarto de aceitunas
can I have half a pound of olives?

¿alguna cosa más?
anything else?

no, nada más
that's all, thank you

¿cuánto es?
how much is it?

son 45 euros
that comes to 45 euros

¿es para regalo?
do you want it gift-wrapped?

no llevo nada suelto
I haven't got any small change

¿dónde está la sección de calzado?
where is the shoe department?

me encanta ver escaparates
I love window-shopping

introduzca los datos de su tarjeta
enter your card details

añadir a la cesta
add to basket

ir a la caja
proceed to checkout

hago casi todas mis compras a través de Internet
I do most of my shopping online

Inf **¡hoy me he gastado una fortuna!**
I've spent a fortune today!

See also sections

2 CLOTHES AND FASHION, 9 JOBS AND WORK *and* **33 MONEY.**

19 EL DEPORTE
SPORT

hacer ejercicio	to exercise
ponerse en forma	to get fit
entrenar(se)	to train
ir al gimnasio	to work out, to go to the gym
calentar	to warm up
enfriarse	to cool down
estirar(se)	to stretch
hacer unas flexiones	to do press-ups
hacer unas abdominales	to do sit-ups
correr	to run
nadar	to swim
bucear	to (scuba) dive
zambullirse	to dive in
remar	to row
saltar	to jump
lanzar	to throw
esquiar	to ski
patinar	to skate
pescar	to fish
cazar	to hunt
montar a caballo	to go horse riding
jugar	to play
jugar al fútbol/balón volea	to play football/volleyball
ir de caza	to go hunting
ir de pesca	to go fishing
marcar un gol	to score a goal
marcar un autogol	to score an own goal
ganar	to win
perder	to lose
ir a la cabeza	to be in the lead

batir un récord	to beat a record
sacar	to serve *(tennis)*
tirar	to shoot
profesional	professional
amateur	amateur
aficionado a	keen on

los distintos deportes

types of sport

el aerobic	aerobics
el alpinismo	mountaineering
el atletismo	athletics
el baile de salón	ballroom dancing
el ballet	ballet
el baloncesto	basketball
el balonmano	handball
el balón volea	volleyball
el boxeo	boxing
la braza	breast-stroke
el breakdance	breakdancing
el calentamiento	warm-up
la caza	hunting
el ciclismo	cycling
el claqué	tap dancing
el cricket	cricket
el crol	crawl
el culturismo	bodybuilding
la danza del vientre	belly dancing
los deportes extremos	extreme sports
los deportes de invierno	winter sports
el esquí acuático	water-skiing
la equitación	horse riding
la esgrima	fencing
la espalda	backstroke
la espeleología	pot-holing
el esquí	skiing
el footing	jogging

el fútbol	football, soccer
el fútbol americano	American football
la gimnasia	gymnastics
el golf	golf
el hockey sobre hielo	ice hockey
el jazz	jazz (dance)
el judo	judo
el kárate	karate
el kickboxing	kickboxing
el levantamiento de pesos	weight-lifting
la lucha libre	wrestling
la mariposa	butterfly-stroke
el montañismo	climbing
la natación	swimming
el paracaidismo	parachuting
el patinaje	skating
el patinaje artístico	figure skating
el patinaje sobre ruedas	rollerblading
la pelota vasca	pelota *(Basque game similar to squash)*
la pesca	fishing
el pilates	pilates
el ping-pong	table tennis
el piragüismo	canoeing
el rugby	rugby
el salto de altura	high jump
el salto de longitud	long jump
el snowboard	snowboarding
el step	step aerobics
el tap	tap dancing
el tai-chi	tai chi
el tenis	tennis
el tiro al plato	clay-pigeon shooting
la vela	sailing
el vuelo sin motor	gliding
el yoga	yoga

los artículos de deporte

los artículos de deporte	**sports equipment**
un balón	ball *(large)*
una pelota	ball *(small)*
unas zapatillas de deporte	trainers
unas botas de fútbol	football boots
unas zapatillas de ballet	ballet shoes
unas bandas de sudor	sweat bands
la ropa de deporte	sportswear
un sujetador deportivo	sports bra
un gorro de natación	swimming cap
unas gafas de natación	goggles
un casco	helmet
unas rodilleras	knee pads
unas espinilleras	shin pads
unos guantes de boxeo	boxing gloves
un bate	bat
una raqueta de tenis	tennis racket
una red	net
un palo de golf	golf club
una bici(cleta)	bike, bicycle
una silla de montar	saddle
unas pesas	weights
las barras paralelas	parallel bars
un trampolín	diving board
un velero	sailing boat
una piragua	canoe
una plancha de surf	surfboard
una tabla de snowboard	snowboard
unos esquís	skis
unos bastones de esquí	ski poles
unos patines para hielo	ice skates
unos patines	rollerblades
una caña de pescar	fishing rod
un cronómetro	stopwatch

los lugares

el campo	pitch, field, ground
un campo de deportes	sports field
un campo de golf	golf course
una cancha	court
las duchas	showers
un estadio	stadium
un frontón	court for "pelota vasca"
un gimnasio	gym(nasium)
un estudio	studio
una piscina	swimming pool
los vestuarios	changing rooms
una sauna	sauna
una sala de vapor	steam room
un jacuzzi	jacuzzi
una pista de esquí	(ski) slope
una pista de patinaje sobre hielo	ice-rink
un polideportivo	sports centre

places

la competición

el entrenamiento	training
el calentamiento	warm-up
el enfriamiento	cooldown
una competición	sporting event
un campeonato	championship
un torneo	tournament
una eliminatoria	(preliminary) heat
una prueba	event; heat
la liga	league
un equipo	team
el equipo vencedor	winning team
la final	final
el final de copa	cup final
una medalla	medal
una copa	cup
un trofeo	trophy

competing

un premio	prize, trophy
el récord	record
el récord mundial	world record
un partido	match
el primer tiempo	first half
el segundo tiempo	second half
el intermedio	half-time
un gol	goal
el marcador	scoreboard; scorer
el empate	draw
una prórroga	extra time
un penalti	penalty kick
una tanda de penaltis	penalty shoot-out
el gol de oro	golden goal
un tiro libre	free kick
un fuera de juego	offside
una tarjeta amarilla/roja	yellow/red card
el Mundial	World Cup
una carrera	race
una etapa	stage
un esprint	sprint
un maratón	marathon
los Juegos Olímpicos	Olympic Games
la Vuelta Ciclista a España	Spanish national cycle race

los deportistas · people

un(a) deportista	sportsman/woman
un(a) alpinista	mountaineer
un boxeador	boxer
un(a) ciclista	cyclist
un corredor	runner
un esquiador	skier
un(a) futbolista	footballer
un(a) guardameta	goalkeeper
un jugador	player
un jugador de balonmano	handball player

un jugador de tenis	tennis player
un nadador	swimmer
un patinador	skater
un portero	goalkeeper
un campeón	champion
un poseedor del récord	record holder
un ganador	winner
un perdedor	loser
el árbitro	referee
el entrenador	coach
un monitor	instructor
un hincha	supporter

es una entusiasta de la natación
she is very keen on swimming

Marisa es cinturón negro de judo
Marisa is a black-belt in judo

el corredor ha llegado a la meta
the runner crossed the finishing line

el resultado fue empate a 2
the teams drew 2 all

tuvieron que prolongar el partido
they had to go into extra time

¡preparado(s)…listo(s)…ya!
ready, steady, go!

Inf **les hemos metido una paliza**
we thrashed them

Inf **tiene buenos abdominales**
he's got a great six-pack

 *Homework help*

My favourite sport is...	I like playing/watching...
Mi deporte favorito es el...	**Me gusta jugar/ver...**

I'm good/not very good at sports.
Se me dan/No se me dan bien los deportes.

Some people...	find watching sport boring.
Alguna gente...	**piensa que es aburrido ver los deportes por la televisión.**
	say footballers get paid too much.
	opina que los futbolistas ganan demasiado dinero.
	don't do enough exercise.
	no hace suficiente ejercicio.
I think...	it's important to keep fit.
Creo que...	**es importante mantenerse en forma.**
	we should do more/less sport at school.
	deberíamos hacer más/menos deporte en el colegio.
However...	I don't have time to exercise.
Sin embargo,...	**no tengo tiempo para hacer ejercicio.**
	we need better sports facilities.
	necesitamos más instalaciones deportivas.
	going to a gym is too expensive.
	ir a un gimnasio es demasiado caro.
	I don't like competitive sports.
	no me gustan los deportes competitivos.

See also section

2 CLOTHES AND FASHION.

20 LAS ACTIVIDADES RECREATIVAS

LEISURE AND HOBBIES

divertirse	to enjoy oneself
aburrirse	to be bored
leer	to read
dibujar	to draw
pintar	to paint
hacer fotos	to take photographs
coleccionar	to collect
cocinar	to cook
coser	to sew
hacer punto	to knit
hacer pasatiempos	to do crosswords
hacer sudokus	to do sudoku
bailar	to dance
cantar	to sing
tocar	to play *(musical instrument)*
hacer teatro	to act
jugar	to play *(game)*
ganar	to win
perder	to lose
hacer trampa(s)	to cheat
ver la tele/DVDs	to watch TV/DVDs
jugar con los videojuegos	to play video games
navegar por Internet	to surf the Internet
chatear por Internet	to chat online
mantenerse en forma	to keep fit
pasear	to go for walks
ir a dar una vuelta en bici	to go for a bike ride
montar en bici	to cycle

ir de pesca	to go fishing
ir de caza	to go hunting
ir de excursión	to go on a trip
salir con gente	to socialise
recibir a gente	to entertain
hacer un curso nocturno	to go to evening classes
aprender algo	to learn something
trabajar como voluntario	to do voluntary work
interesante	interesting
apasionante	exciting
aburrido	boring; bored
un hobby	hobby
un pasatiempo	pastime
el tiempo libre	free time
el tiempo de recreo	leisure time
un club	club
un casino	leisure club
un miembro	member
la lectura	reading
un libro	book
una revista	magazine
la poesía	poetry
una poesía	poem
un poema	poem
el dibujo	drawing
la pintura	painting; paint
un pincel	brush
la escultura	sculpture
la alfarería	pottery
la cerámica	ceramics, pottery
los trabajos manuales	crafts
el bricolaje	DIY
un martillo	hammer

un destornillador	screwdriver
un clavo	nail
un tornillo	screw
un taladro	drill
una sierra	saw
el pegamento	glue
la fotografía	photography
una cámara fotográfica	camera
una cámara digital	digital camera
un carrete	film (for camera)
una foto	photograph
el vídeo	video
la informática	computing
un ordenador	computer
Internet	the Internet
una página web	website
un chat	chatroom
la filatelia	stamp collecting
un sello	stamp
un álbum	album, scrapbook
una colección	collection
la cocina	cooking
una receta	recipe
la caza	hunting
la pesca	fishing
la costura	dressmaking
una máquina de coser	sewing machine
una aguja	needle
el hilo	thread
un dedal	thimble
un patrón	pattern
el punto (de media)	knitting
una aguja de hacer punto	knitting needle
la lana	wool
la danza	dancing
el baile	dancing

el ballet	ballet
el teatro	drama
la música	music
el canto	singing
una canción	song
un coro	choir
una coral	choir
la música pop	pop music
un instrumento	instrument
un piano	piano
un violín	violin
un violoncelo	cello
un clarinete	clarinet
una flauta	flute; recorder
una guitarra	guitar
un tambor	drum
una batería	drums
un juguete	toy
un juego	game
una partida	game
el ajedrez	chess
las damas	draughts
el dominó	dominoes
un rompecabezas	jigsaw, puzzle
la baraja	pack of cards
una carta	card
un dado	dice

---

me gusta leer/hacer punto
I like reading/knitting

voy a clase de ballet
I take ballet lessons

a Ramón le apasiona el cine
Ramón loves the cinema

nos gusta invitar a gente a casa
we enjoy entertaining

¿echamos una partida de ajedrez?
shall we have a game of chess?

¿a quién le toca?
whose turn is it?

te toca a ti
it's your turn

> **estoy haciendo un curso nocturno de fotografía**
> I'm taking an evening class in photography
>
> *Inf* **es un crack del ordenador**   *Inf* **está por ahí con sus amigas**
> he's a whizz with computers   she's hanging out with her friends
>
> *Inf* **ya casi no salgo de marcha**
> I hardly ever go out partying these days

See also sections

**19 SPORT, 21 THE MEDIA, 22 EVENINGS OUT, 39 COMPUTERS
AND THE INTERNET** *and* **46 CAMPING, CARAVANNING
AND YOUTH HOSTELS.**

THE MEDIA

escuchar	to listen (to)
ver	to watch
leer	to read
poner	to switch on
encender	to switch on
quitar	to switch off
apagar	to switch off
cambiar de emisora/cadena	to switch over
sintonizar	to tune into
bajar	to download
descargar	to download

la radio	**radio**
un aparato de radio	radio (set)
una radio digital	digital radio
los auriculares	earphones
un reproductor de MP3	MP3 player
una emisión (radiofónica)	(radio) broadcast/programme
un boletín informativo	news bulletin
las noticias	news
una interviú	interview
una entrevista	interview
un single	single
un elepé	album
un CD	CD
un anuncio (comercial)	commercial, advert
una melodía publicitaria	jingle
un oyente	listener

un DJ	DJ
un presentador	presenter
una emisora	radio station
la emisión	programme
una alerta de tráfico	traffic alert
la frecuencia	frequency
la frecuencia modulada	FM
la recepción	reception
la interferencia	interference
una radio pirata	pirate radio
un podcast	podcast

la televisión — television

TV	TV
la tele	TV
un televisor	television set
una pantalla	screen
la pantalla plana	flat screen
una antena	aerial
una cadena	channel
un mando a distancia	remote control
un programa de televisión	TV programme
una retransmisión en directo	live broadcast
un estudio	studio
el Telediario	Spanish TV news
las noticias	news
una noticia	news item
una noticia de última hora	breaking news
un programa de actualidad	current affairs programme
un programa del corazón	gossip program
un documental	documentary
una serie	serial
una comedia de situación	sitcom
un concurso	quiz show
un programa debate	chat show
un concurso de talentos	talent show
la telerrealidad	reality TV

la publicidad	commercial(s)
una pausa publicitaria	commercial break
un eslogan	slogan
un patrocinador	sponsor
un presentador	newsreader, presenter
una figura televisiva	TV star
un(a) monologuista	stand-up comedian
un telespectador	viewer
una antena parabólica	satellite dish
la televisión vía satélite	satellite TV
la televisión por cable	cable TV
la TDT (la televisión digital terrestre)	digital TV
el pago por visión	pay-per-view
una guía de televisión	TV guide
un DVD	DVD; DVD player
un vídeo	video; video recorder

la prensa — press

un periódico	newspaper
un periódico matinal/vespertino	morning/evening paper
un periódico popular	tabloid
un periódico serio	broadsheet
un diario	daily paper
un semanario	weekly
una revista	magazine
una revista del corazón	gossip magazine
una revista femenina/masculina	women's/men's magazine
una revista para adolescentes	teen magazine
una revista de modas	fashion magazine
un tebeo	comic
la prensa sensacionalista	gutter press, tabloids
una página de noticias	news site
el periodismo	journalism
un(a) periodista	journalist
un reportero	reporter
el redactor jefe	editor-in-chief

un(a) paparazzi	paparazzi photographer
una agencia de información	news agency
una rueda de prensa	press conference
un reportaje	press report
un artículo	article
un editorial	editorial
la primera página	front page
los titulares	headlines
una sección fija	(regular) column
las páginas deportivas	sports pages
el horóscopo	horoscope
el correo del corazón	agony column
los anuncios por palabras	classified ads
la sección de contactos	lonely hearts column
la publicidad online	online advertising

---

en directo desde Sevilla
live from Seville

¿qué ponen hoy por la tele?
what's on television tonight?

el secuestro ocupó todos los titulares
the kidnapping made the headlines

me gusta ver documentales
I like watching documentaries

 Homework help

I think... **Creo que...**	there are too many reality shows on TV these days. **hay demasiados realities en televisión últimamente.**
	there's too much violence on TV. **hay demasiada violencia en televisión.**
	it's important to watch the news. **es importante ver las noticias.**

Young people... **La gente joven...**	don't watch the news. **no ve las noticias.**
	watch too much television. **ve demasiada televisión.**
	get information on the Internet. **busca información en Internet.**
	spend a lot of money on magazines. **gasta mucho dinero en revistas.**
It annoys me when... **Me molesta cuando...**	shows have lots of ad breaks. **los programas tienen muchas pausas publicitarias.**
	people keep channel-hopping. **la gente está haciendo zapping todo el rato.**
	people don't care about what's happening in the world. **la gente no se preocupa de lo que pasa en el mundo.**

See also section

39 COMPUTERS AND THE INTERNET.

salir	to go out
ir de marcha	to party, to have a night out
bailar	to dance
ir a bailar	to go dancing
ir al pub	to go to the pub
salir a tomar algo	to go for a drink
emborracharse	to get drunk
ir a una fiesta	to go to a party
dar una fiesta	to have a party
ir a un casino	to go to a casino
invitar	to invite
pedir a alguien que salga con uno	to ask somebody out
ligar con alguien	to chat somebody up
quedar con alguien	to meet somebody
reservar	to book
sacar una entrada	to buy a ticket
aplaudir	to applaud
acompañar	to accompany
volver a casa	to go/come home
solo	alone
juntos	together
acompañado	in company

los espectáculos — shows

la cartelera de espectáculos	what's on
la taquilla	box office
una entrada	ticket

un programa	programme
el público	audience
los espectadores	spectators
los aplausos	applause
el teatro	theatre
el cine	cinema
los conciertos	concerts
el flamenco	flamenco dancing
el ballet	ballet
los toros	bullfighting
la fiesta nacional	bullfighting
la tauromaquia	bullfighting
la ópera	opera
el circo	circus
los fuegos artificiales	fireworks
un teatro	theatre
el escenario	stage
el decorado	set
los bastidores	wings
el telón	curtain
el guardarropa	cloakroom
el patio de butacas	stalls
el anfiteatro	dress circle
un palco	box
el gallinero	balcony, gods
el entreacto	interval
una obra (de teatro)	play
una comedia	comedy
una tragedia	tragedy
una ópera	opera
una zarzuela	Spanish light opera
un ballet	ballet
un concierto de música clásica	classical concert
un concierto de rock	rock concert

una plaza de toros	bullring
una corrida de toros	bullfight
el tendido de sol/sombra	rows of seats in the sun/shade
la banda de música	band
la muleta	muleta, red cape
la capa	cape
el estoque	sword
las banderillas	banderillas, barbs
el traje de luces	bull-fighter's suit
una cogida	goring
un acomodador	usher
un actor, una actriz	actor/actress
un bailarín de ballet	ballet dancer
un bailaor de flamenco	flamenco dancer
el director de orquesta	conductor
los músicos	musicians
un(a) cantante	singer
un cantaor	flamenco singer
un torero	bullfighter
el matador	matador
el toro	bull
un prestidigitador	magician
un payaso	clown
un domador	animal trainer

el cine   the cinema

una película	film
una sala de cine	cinema
la sesión	showing
la pantalla	screen
el proyector	projector
los dibujos animados	cartoon
un documental	documentary
una película de terror	horror film
una película de ciencia-ficción	science fiction film
una película del Oeste	Western

una película en versión original (V.O.)	film in the original language
los subtítulos	subtitles
una película en blanco y negro	black and white film
un director de cine	film director
un(a) cineasta	film maker
un actor/una actriz de cine	film star

las discotecas y los bailes — clubs and dances

un baile	dance
una verbena	open-air dance (at night)
una sala de baile	dance hall
un tablao flamenco	flamenco stage
una discoteca	club
una boîte	night club
un rave	rave
la barra	bar
un disco	record
la pista de baile	dance floor
el grupo	band, group
el disc-jockey	DJ
unos altavoces	speakers
unas pletinas	decks
un portero	bouncer
un DNI (documento nacional de identidad)	Spanish national identity card
un flyer	flyer

en el restaurante — eating out

un restaurante	restaurant
un restaurante chino	Chinese restaurant
un restaurante típico	restaurant serving typical Spanish food
un restaurante vegetariano	vegetarian restaurant
una pizzería	pizzeria
una cafetería	cafeteria; pub
un café	café, pub
un bar	café, pub

un camarero	waiter; barman
una camarera	waitress
el maître	head waiter
el menú del día	today's special
la carta	menu
la carta de vinos	wine list
la cuenta	bill
la propina	tip

las invitaciones — parties

una fiesta	party, celebration
un guateque	party
los invitados	guests
el anfitrión	host
un regalo	present
las bebidas	drinks
la sangría	sangria
un cóctel	cocktail
los pinchitos	nibbles
un cumpleaños	birthday
una tarta de cumpleaños	birthday cake
las velitas	candles

la vida social	social life
una cita	date
una agencia de contactos	dating agency
los contactos a través de Internet	online dating
los contactos rápidos	speed dating
una noche de solteros	singles' night

¡otra, otra!
encore!

está todo agotado
it's sold out

¿vas a hacer algo esta noche?
are you doing anything tonight?

| **hay una fiesta en su casa** | **tienen una gran vida social** |
| there's a party at his/her place | they've got a great social life |

Inf **siempre está ligando con las chicas**
he's always chatting up girls

Inf **es una marchosa de mucho cuidado**
she's a real party animal

Note

Do not confuse the words solo (alone) and sólo (only):

nunca sale solo
he never goes out alone

sólo quedaban unos asientos en el gallinero
there were only a few seats in the gods left

See also section

15 FOOD.

el suelo	floor
un suelo de madera	wooden floor
la moqueta	(fitted) carpet
el techo	ceiling
la puerta	door
la ventana	window
las cortinas	curtains
las contraventanas	shutters
la persiana	blind
las paredes	walls
un radiador	radiator
un enchufe	socket; plug

los muebles — furniture

la cama	bed
una cama individual	single bed
una cama doble	double bed
una cama de matrimonio	double bed
unas (camas) literas	bunk beds
unas camas separadas	twin beds
un sofá cama	sofa bed
un futón	futon
un colchón	mattress
una sábana	sheet
una almohada	pillow
un edredón	duvet
una manta	blanket
una colcha	bedspread
una mesilla de noche	bedside table
una cómoda	chest of drawers
un tocador	dressing table

un armario	wardrobe
un armario empotrado	fitted wardrobe
un armario de luna	mirrored wardrobe
un baúl	chest
un escritorio	desk
una silla	chair
una banqueta	stool
un taburete	stool
un sillón	armchair
un asiento bean bag	beanbag
una repisa	shelf
unos estantes	shelves
una estantería	bookcase
una librería	bookcase

los objetos objects

un pijama	pyjamas
una bata	dressing gown
unas zapatillas	slippers
una bolsa de agua caliente	hot-water bottle
un flexo	table lamp, Anglepoise®
una lámpara	lamp
una pantalla	lampshade
una bombilla	light bulb
una vela	candle
un despertador	alarm clock
una alfombra	rug
un cojín	cushion
un póster	poster
un cuadro	painting, picture
una foto	photograph
un marco de fotos	picture frame
una planta	plant
una maceta	plant pot
un jarrón	vase
un espejo	mirror
un espejo de cuerpo entero	full-length mirror

un libro	book
una televisión portátil	portable TV
una radio	radio
un equipo de música	stereo
un ordenador	computer
un oso de peluche	teddy bear
un juguete	toy

es hora de irse a dormir
it's bedtime

es hora de levantarse
it's time to get up

todavía está en la cama
he's still in bed

Note

There are two words for 'wall' in Spanish: el muro is a freestanding external wall, eg around a garden or enclosure, while la pared is the wall of a house, either outside or inside.

 Homework help

My room is big/small/tidy/messy.
Mi habitación es grande/es pequeña/está ordenada/está desordenada.

My duvet/carpet is...
Mi edredón/moqueta es...

My curtains/walls are...
Mis cortinas/paredes son...

The bed is next to...
La cama está al lado de...

On the bed is...
Encima de la cama está...

Under the bed are...
Debajo de la cama están...

In the cupboard I have...
En el armario tengo...

The desk is opposite...
El escritorio está enfrente de...

The shelves are above...
Las estanterías están por encima de...

The TV is on top of...
La televisión está encima de...

The lamp is on...
La lámpara está en...

The mirror is below...
El espejo está por debajo de...

My photos are in front of...
Mis fotos están delante de...

There's a poster behind...
Hay un póster detrás de...

I keep...
Tengo...

my clothes in the wardrobe.
mi ropa en el armario.

my books on a shelf.
mis libros en una estantería.

my toys under the bed.
mis juguetes debajo de la cama.

my CDs in a box.
mis CDs en una caja.

See also sections

14 DAILY ROUTINE AND SLEEP *and* **24 THE HOUSE.**

24 La Casa
The house

vivir	to live
habitar	to live
cambiarse de casa	to move (house)
el alquiler	rent
la hipoteca	mortgage
la mudanza	removal
el dueño	owner, landlord
el propietario	owner
el inquilino	tenant
un compañero de casa	housemate
un compañero de piso	flatmate
el portero	caretaker
la vivienda	housing
una casa	house
un piso	flat
una vivienda protegida	council flat/house
un apartamento	flat *(small)*
un ático	attic; top flat
un piso amueblado	furnished flat

las partes de la casa
parts of the house

el sótano	basement
la planta baja	ground floor
el primer piso	first floor
el desván	loft
el portal	entrance *(of building)*
el rellano de la escalera	landing
la(s) escalera(s)	stair(s)
un escalón	step

la barandilla	bannister
el pasamanos	handrail, bannister
un ascensor	lift
un rincón	corner *(inside)*
una esquina	corner *(outside)*
el tejado	roof
una teja	roof tile
un tejado de pizarra	slate roof
la chimenea	chimney; fireplace
una puerta	door
la puerta de entrada	front door
la puerta trasera	back door
una ventana	window
un ventanal	big window
una puertaventana	French window
una claraboya	skylight
un balcón	balcony
el garaje	garage
arriba	upstairs
abajo	downstairs

las habitaciones

the rooms

la entrada	entrance (hall)
el pasillo	corridor
la cocina	kitchen
la despensa	pantry
el comedor	dining room
el cuarto de estar	living room, lounge
el salón	sitting room
el despacho	study
el cuarto de estudio	study
el dormitorio	bedroom
una habitación libre	spare room
el cuarto de baño	bathroom
el aseo	toilet
el váter	toilet

los muebles

	furniture
un aparador	sideboard
un armario	wardrobe, cupboard
una estantería	bookcase, shelves
una mecedora	rocking chair
una mesa	table
una mesa de despacho	desk
una mesita auxiliar	coffee table
un piano	piano
un reloj de pared	grandfather clock
una silla	chair
un sillón	armchair
un sofá	sofa

los objetos y los accesorios — objects and fittings

una alfombra	carpet, rug
una alfombrilla de baño	bathmat
la bañera	bath
el bidet	bidet
una bombilla	lightbulb
el buzón	letterbox
la cadena del váter	(toilet) chain
la calefacción central	central heating
la chimenea	fireplace
un candelabro	candlestick
un cenicero	ashtray
la cerradura	keyhole
un cojín	cushion
el cubo de la basura	(rubbish) bin
la ducha	shower
una escalera de mano	ladder
un espejo	mirror
un felpudo	doormat
el fregadero	kitchen sink
un grifo	tap
un jarrón	vase
una lámpara de pie	standard lamp

el lavabo	washbasin
una llave	key
un marco	frame
los objetos de adorno	ornaments
una papelera	wastepaper basket
un paragüero	umbrella stand
un perchero	coat rack
el picaporte	door-handle
la repisa de la chimenea	mantelpiece
un revistero	magazine rack
el timbre	doorbell

un teléfono	telephone
una televisión	television
un lector de CDs	CD player
un DVD	DVD player
un (aparato de) vídeo	video (recorder)
un equipo estereofónico	stereo
un magnetofón	tape recorder
una cinta	tape
un CD	CD
un disco	record, CD
un DVD	DVD
un vídeo	video

el jardín — the garden

el césped	lawn
el huerto	vegetable patch
el patio	yard
la terraza	terrace
la cubierta	decking
el invernadero	greenhouse
una valla	fence
una caseta del jardín	garden shed
una sombrilla	parasol
una estufa exterior	patio heater

una barbacoa	barbecue
un gnomo del jardín	garden gnome
un estanque	pond
una piscina para niños	paddling pool
unos columpios	swings
una carretilla	wheelbarrow
una manga de regar	hose
una regadera	watering can

su casa es enorme	*Inf* **la zona es un poco cutre**
their house is huge	it's a bit of a dodgy area

Note

★ The expression 'to go home' is translated in Spanish by ir *a* casa:

me voy a casa	**no ha vuelto a casa**
I'm going home	he/she hasn't come home

★ The Spanish word el piso can mean both 'apartment' and 'floor' or 'storey'.

 Homework help

I live in a house/flat.
Vivo en una casa/un piso.

My house is big/small/old/modern.
Mi casa es grande/pequeña/vieja/moderna.

In our house we have...	My bedroom is above...
En nuestra casa tenemos...	**Mi habitación está por encima de...**

The living room is next to...	The bathroom is opposite...
La sala de estar está al lado de...	**El baño está enfrente de...**

Upstairs/downstairs there is...
Arriba/abajo hay...

See also sections

17 HOUSEWORK *and* **23 MY ROOM.**

25 La Ciudad
The city

una ciudad	town, city
la capital	capital (city)
una gran ciudad	big city
las afueras	outskirts
un barrio	district, area *(in a town)*
una zona industrial	industrial area
una zona residencial	residential area
la parte antigua	old town
la parte moderna	new (part of the) town
un suburbio	poor suburb
el centro	town/city centre
la ciudad universitaria	university campus/halls of residence
la zona azul	controlled parking area area
los alrededores	surroundings
una avenida	avenue
una calle	street
una calle comercial	shopping street
un centro comercial	shopping centre
una calle peatonal	pedestrian precinct
la calle principal	main street
una calleja	narrow street, alleyway
un callejón sin salida	cul-de-sac
una carretera de circunvalación	ring road
un paseo	boulevard
un plano	street map
una manzana de casas	block of houses
una plaza	square
la calzada	roadway

la acera	pavement
un aparcamiento	carpark
un aparcamiento subterráneo	underground carpark
un paso subterráneo	subway/underpass
una alcantarilla	gutter
los desagües	sewers
una farola	street lamp
un parque	park
los jardines públicos	park, public gardens
un cementerio	cemetery
un puente	bridge
el puerto	harbour
el aeropuerto	airport
una estación de tren	railway station
una estación de metro	underground station
una estación de autobuses	bus station
una parada de taxis	taxi rank
ocupado	busy
animado	lively
muy lleno	overcrowded
contaminado	polluted
peligroso	dangerous
pacífico	peaceful
limpio	clean
seguro	safe

los edificios — buildings

un edificio público	public building
un edificio importante	landmark
el Ayuntamiento	town/city hall
la Diputación	county council
el Palacio de Justicia	Law Courts
una biblioteca	library
la comisaría de policía	police headquarters
el cuartel de la Guardia Civil	rural and traffic police headquarters (in Spain)

el parque de bomberos	fire station
un colegio	school
un instituto	high school
una universidad	university
una cárcel	prison
una fábrica	factory
un hospital	hospital
un hogar para ancianos	old people's home
la Casa de la Cultura	community arts centre
el Palacio de la Opera	opera (house)
un museo	museum
una galería de arte	art gallery
un castillo	castle
un palacio	palace
una torre	tower
un rascacielos	skyscraper
una catedral	cathedral
una iglesia	church
el campanario	church tower, steeple
una abadía	abbey
un templo	temple
una capilla	chapel
una mezquita	mosque
una sinagoga	sinagogue
un monumento	memorial, monument
un monumento a los caídos	war memorial
una estatua	statue
una fuente	fountain

la gente

people

un habitante	inhabitant
los habitantes de la ciudad	city dwellers
los ciudadanos	citizens
los vecinos	neighbours; residents
las personas de la zona	locals
los inmigrantes	immigrants
los peatones	pedestrians

los paseantes	walkers
un(a) turista	tourist
un vagabundo	tramp

anduvimos callejeando por la parte antigua
we strolled around the old town

los vecinos del barrio de la Concepción
those who live in the Concepción district

ten cuidado, la zona es peligrosa
be careful, it's a rough area

viven en el centro   *Inf* **viven lejos de todo**
they live in town   they live in the middle of nowhere

Inf **las calles estaban a tope de gente**
the streets were heaving

Note

The word **por** can be used when talking about a vague area:

¿hay un banco por aquí?
is there a bank around here?

caminaba por la zona antigua
he wandered through the old town

 Homework help

I live in...	It's near...
Vivo en...	**Está cerca de...**
It's famous for...	You should go to...
Es famoso por...	**Deberías ir a...**

My town is big/small/pretty/ugly.
Mi ciudad es grande/pequeña/bonita/fea.

See also sections

18 SHOPPING, 22 EVENINGS OUT, 26 CARS, 44 PUBLIC TRANSPORT, 48 GEOGRAPHICAL TERMS *and* **66 DIRECTIONS.**

26 LOS COCHES
CARS

conducir	to drive
aminorar la marcha	to slow down
frenar	to brake
acelerar	to accelerate
cambiar de marcha	to change gear
parar	to stop
aparcar	to park
estacionarse	to park
adelantar	to overtake
dar la vuelta	to do a U-turn
encender los faros	to switch on one's lights
apagar los faros	to switch off one's lights
atravesar	to cross, to go through
ceder el paso	to give way
tener prioridad	to have right of way
tocar el claxon	to hoot
derrapar	to skid
remolcar	to tow
reparar	to repair
averiarse	to break down
quedarse sin gasolina	to run out of petrol
llenar el depósito	to fill up
cambiar una rueda	to change a wheel
cometer una infracción	to commit an offence
respetar el límite de velocidad	to keep to the speed limit
saltarse un semáforo	to jump a red light
saltarse un stop	to ignore a stop sign
recibir una multa por exceso de velocidad	to get a speeding ticket
recibir una multa de aparcamiento	to get a parking ticket

los vehículos

	vehicles
un coche	car
un automóvil	car
un coche automático	automatic
un coche manual	manual car
un cacharro	old banger
un coche de segunda mano	second-hand car
un (coche de) dos/cuatro puertas	two-/four-door car
un utilitario	estate car
un turismo	saloon
un coche de carreras	racing car
un deportivo	sports car
un descapotable	convertible
un coche de tracción delantera	car with front-wheel drive
un coche de cuatro ruedas motrices	car with four-wheel drive
un coche con el volante a la derecha	right-hand drive
un coche con el volante a la izquierda	left-hand drive
un coche híbrido	hybrid car
la marca	make
un camión	lorry
un camión articulado	articulated lorry
una camioneta	van
un furgón	van
una furgoneta	van
la grúa	tow truck, breakdown lorry
un combi	camper van
una caravana	caravan
una rulot	caravan
un remolque	trailer
una moto	motorbike
un vespino®	moped
rápido	fast
lento	slow

los usuarios de la carretera — road users

un automovilista	motorist
un conductor	driver
un aprendiz de conductor	learner driver
un conductor bebido	drink driver
los ocupantes del coche	passengers
un viajero	passenger
un camionero	lorry-driver
un motorista	motorcyclist
un ciclista	cyclist
un auto-estopista	hitch-hiker
un peatón	pedestrian

piezas y accesorios — car parts

el acelerador	accelerator
un ala	wing
una antena	aerial
el asiento delantero/trasero	front/back seat
la baca	roof rack
la batería	battery
la bocina	horn
la caja de cambios	gearbox
la calefacción	heating
el capot	bonnet
la carrocería	body
el chasis	chassis
el cinturón de seguridad	seat belt
el claxon	horn
el depósito de gasolina	fuel tank
un embellecedor	hub cap
el embrague	clutch
el faro antiniebla	fog lamp
los faros	lights
el freno de mano	handbrake
los frenos	brakes
el intermitente	indicator
un limpiaparabrisas	windscreen wiper

la luz de carretera	main beam
las luces de cruce	dipped headlights
las luces de posición	sidelights
el maletero	boot
la matrícula	number plate
el motor	engine
un neumático	tyre
la palanca de marchas	gear lever
el parabrisas	windscreen
el parachoques	bumper
un pedal	pedal
una pieza de repuesto	spare part
los pilotos	rear lights
una puerta/portezuela	door
el radiador	radiator
una radio para coche	car radio
el retrovisor	(rearview) mirror
una rueda	wheel
una rueda de repuesto	spare wheel
el navegador	satnav
la suspensión	suspension
el tablero de mandos	dashboard
el tapón	petrol cap
el tubo de escape	exhaust
las velocidades/marchas	gears
la primera	first gear
la segunda	second gear
la tercera	third gear
la directa/cuarta	fourth gear
la quinta	fifth gear
la marcha atrás	reverse
el punto muerto	neutral
el velocímetro	speedometer
una ventanilla	window
el volante	steering wheel

la gasolina	petrol
la gasolina sin plomo	unleaded (petrol)
la gasolina super	four-star (petrol)
el combustible	fuel
el gasóleo	diesel
el aceite	oil
el anticongelante	antifreeze

las pegas — problems

un taller	workshop
un garaje	garage
una gasolinera	petrol station
una estación de servicio	service station
un poste de gasolina	petrol pump
un mecánico	car mechanic
el seguro	insurance
una póliza de seguros	insurance policy
el seguro a todo riesgo	comprehensive insurance
el carné de conducir	driving licence
una clase de conducir	driving lesson
el examen de conducir	driving test
el Código de Circulación	Highway Code
la velocidad	speed
el exceso de velocidad	speeding
una cámara de control de velocidad	speed camera
una infracción	offence
una multa	parking ticket
una señal de aparcamiento prohibido	no-parking sign
un control de alcoholemia	breath test
un pinchazo	flat tyre
una avería	breakdown
un bollo	dent
un atasco (de tráfico)	traffic jam
una desviación	diversion
las obras	roadworks
la visibilidad	visibility

las carreteras — roads

las carreteras	roads
el tráfico	traffic
la circulación	traffic
una carretera	road
una carretera nacional	main road
una carretera comarcal	B road
una autopista	motorway
un mapa de carreteras	road map
una calle de dirección única	one-way street
un stop	stop sign
un paso de peatones	pedestrian crossing
un paso de cebra	zebra crossing
un cruce	crossroads
una curva	bend
un empalme	junction
una glorieta	roundabout
un carril	lane
un carril-bus	bus lane
un carril-bici	cycle lane
un semáforo	traffic lights
el peaje	toll
la zona de servicios	service area
una señal de tráfico	road sign
la zona azul	restricted parking area
un vigilante de aparcamiento	traffic warden

¿de qué marca es tu coche?
what make is your car?

¡mete la tercera!
go into third gear!

iban a 100 (kilómetros) por hora
they were doing 62 miles an hour

en Gran Bretaña se circula por la izquierda
in Britain, they drive on the left

¡nos hemos equivocado de carretera!
we've gone the wrong way!

recogimos a un autoestopista we picked up a hitch-hiker	**te recojo a las 5** I'll pick you up at 5
le retiraron el carné de conducir he/she lost his/her driving licence	
me pusieron una multa I got a fine	*Inf* **¡conduces como un loco!** you drive like a maniac!
Inf **el tráfico estaba horroroso** the traffic was murder	
Inf **todavía conduce ese trasto viejo** he's/she's still driving that old banger	

Note

Words like **un dos puertas** and **un turismo** are masculine because they are the abbreviations of **un (coche de) dos puertas** and **un (coche de) turismo**, and the word **coche** is masculine.

See also section

53 ACCIDENTS.

27 La Naturaleza
Nature

cultivar	to grow
florecer	to flower
salir	to blossom
abrirse	to bloom
marchitarse	to wither
morir	to die

el paisaje
countryside

el campo	the country
un campo	field
un prado	meadow
una pradera	meadow
un bosque	wood
una llanura	plain
una meseta	plateau
una montaña	mountain
una colina	hill
un monte	hill
el monte	the hills
un desierto	desert
la selva	jungle

las plantas
plants

la raíz	root
el tronco	trunk
una rama	branch
un brote	bud *(tree, leaf)*, shoot
un capullo	bud *(flower)*
una flor	flower, blossom
una hoja	leaf
la corteza	bark

la copa	treetop
una bellota	acorn
una baya	berry
una planta	plant
un árbol	tree
un arbusto	shrub, bush
los matorrales	bush
las algas	seaweed
los brezos	heather
una seta (comestible/venenosa)	(edible/poisonous) mushroom
los helechos	ferns
la hierba	grass
el muérdago	mistletoe
el acebo	holly
la hiedra	ivy
las (malas) hierbas	weeds
el musgo	moss
un junco	reed
el trébol	clover

los árboles — trees

un árbol de hoja caduca/perenne	deciduous/evergreen tree
un álamo	poplar
un abedul	birch
un abeto	fir tree
un castaño	chestnut tree
un cedro	cedar
un ciprés	cypress
una conífera	conifer
un haya *(f)*	beech
una palmera	palm tree
un pino	pine tree
un roble	oak
un sauce llorón	weeping willow

los árboles frutales — fruit trees

un albaricoquero	apricot tree
un almendro	almond tree

un avellano	hazel
un cerezo	cherry tree
un ciruelo	plum tree
una datilera	date palm
un frambueso	raspberry bush
un fresal	strawberry plant
un grosellero espinoso	gooseberry bush
un grosellero negro	blackcurrant bush
un grosellero rojo	redcurrant bush
una higuera	fig tree
un limonero	lemon tree
un manzano	apple tree
un melocotonero	peach tree
un naranjo	orange tree
un nogal	walnut tree
un olivo	olive tree
un peral	pear tree
un plátano	banana tree
una zarza	blackberry bush

las flores — flowers

una flor silvestre	wild flower
el tallo	stem
un pétalo	petal
el polen	pollen
una amapola	poppy
una buganvilla	bougainvillea
un clavel	carnation
un crisantemo	chrysanthemum
un diente de león	dandelion
un geranio	geranium
un jazmín	jasmine
una lila	lilac
un lirio	lily of the valley
la madreselva	honeysuckle
una margarita	daisy

un narciso	daffodil
una orquídea	orchid
una petunia	petunia
una rosa	rose
un tulipán	tulip
una violeta	violet

---

las rosas están empezando a salir ahora
the roses are just coming into bloom

los cerezos están en plena floración
the cherry trees are in full blossom

vamos a recoger margaritas/setas
let's go and pick daisies/mushrooms

See also sections

28 ANIMALS, 29 ENVIRONMENT, 47 AT THE SEASIDE *and*
48 GEOGRAPHICAL TERMS.

los animales	**animals**
ladrar	to bark
maullar	to miaow
ronronear	to purr
gruñir	to growl; to grunt
mugir	to moo
relinchar	to neigh
balar	to bleat
chillar	to squeak
piar	to twitter
cloquear	to cluck
cacarear	to crow
un hábitat	habitat
un nido	nest
una madriguera	burrow
un agujero	hole
una perrera	kennel
una jaula	cage
una conejera	hutch
un acuario	aquarium
un mamífero	mammal
un reptil	reptile
un carnívoro	carnivore
un herbívoro	herbivore
un omnívoro	omnivore
un vertebrado	vertebrate
un invertebrado	invertebrate

una pata	leg; paw
el hocico	muzzle, snout
la cola	tail
manso	mane
la trompa	trunk
las garras	claws
una pezuña	hoof
las fauces	jaws
un ala *(f)*	wing
el pico	beak
una pluma	feather
el plumaje	feathers

los animales domésticos — pets

un cachorro	puppy
un conejillo de Indias	guinea pig
un conejo	rabbit
un gato, una gata	cat
un gerbo	gerbil
un hámster	hamster
una perra	bitch
un perro	dog
un pez de colores	goldfish
un pez tropical	tropical fish

los animales de labor — farm animals

una vaca	cow
un toro	bull
un ternero	calf
un buey	ox
un caballo	horse
una yegua	mare
un potro	foal
un burro	donkey
una mula	mule
una oveja	sheep
un carnero	ram

un cordero	lamb
un macho cabrío	billy-goat
una cabra	nanny-goat
un cerdo, una cerda	pig/sow
un marrano, una marrana	pig/sow
una gallina	hen
un gallo	cockerel
un pollo	chick
un pato	duck
una oca	goose
un pavo	turkey

los animales salvajes

wild animals

un antílope	antelope
una ardilla	squirrel
una ballena	whale
un búfalo	buffalo
un camello	camel
un canguro	kangaroo
un castor	beaver
una cebra	zebra
un chimpancé	chimpanzee
una cierva	doe
un ciervo	stag
un delfín	dolphin
un elefante	elephant
un erizo	hedgehog
una foca	seal
una gacela	gazelle
un gorila	gorilla
un hipopótamo	hippopotamus
un jabalí	wild boar
una jirafa	giraffe
un león, una leona	lion/lioness
un leopardo	leopard
una liebre	hare

un lobo	wolf
un mono	monkey
un orangután	orang-utan
un oso	bear
un oso polar	polar bear
una rata	rat
un ratón	mouse
un tiburón	shark
un tigre	tiger
un topo	mole
una tortuga	tortoise
un zorro	fox

los reptiles etc

reptiles etc

una serpiente	snake
una víbora	adder
una boa	boa
una cobra	cobra
una culebra	grass snake
una culebra de agua	water snake
una serpiente de cascabel	rattlesnake
un gusano	worm
una anguila	eel
un cocodrilo	crocodile
un pez	fish
un pulpo	octopus
una rana	frog
un sapo	toad
una lagartija	newt
un lagarto	lizard
un dinosaurio	dinosaur

las aves

birds

un pájaro	bird
un ave de rapiña *(f)*	bird of prey
un águila *(f)*	eagle
una alondra	lark

un avestruz	ostrich
un búho	owl
un buitre	vulture
un canario	canary
una cigüeña	stork
un cisne	swan
un cuco	cuckoo
un cuervo	crow
un faisán	pheasant
una garza real	heron
una gaviota	seagull
una golondrina	swallow
un gorrión	sparrow
un halcón	falcon
una lechuza	owl
un loro	parrot
un merlo	blackbird
una paloma	dove
un pavo real	peacock
un periquito	budgie
un pichón	pigeon
un pingüino	penguin
un ruiseñor	nightingale
una urraca	magpie

los insectos — insects

una avispa	wasp
un avispón	hornet
una abeja	bee
una araña	spider
un ciempiés	centipede
una cucaracha	cockroach
una hormiga	ant
una libélula	dragonfly
una oruga	caterpillar
una mariposa	butterfly

una mariquita	ladybird
una mosca	fly
un mosquito	mosquito
una pulga	flea
un saltamontes	grasshopper

See also sections

27 NATURE *and* **29 ENVIRONMENT.**

contaminar	to pollute
destruir	to destroy
talar	to cut down
quemar	to burn
derretirse	to melt
tirar	to throw away
reciclar	to recycle
volver a usar	to reuse
ser ecológico	to be green
separar la basura	to sort one's rubbish
el medio ambiente	environment
la selva tropical	rainforest
el casquete polar	polar ice cap
un ecosistema	ecosystem
la capa de ozono	ozone layer
un(a) conservacionista	conservationist
un verde	Green
un grupo de presión	pressure group
un defensor del medio ambiente	environmental campaginer
un(a) activista	activist
un(a) ecologista	Green

los problemas — problems

la contaminación	pollution
una catástrofe medioambiental	environmental disaster
un desastre nuclear	nuclear disaster
la lluvia ácida	acid rain
el smog	smog

un vertido de petróleo	oil spill
la deforestación	deforestation
un incendio en el bosque	forest fire
el efecto invernadero	greenhouse effect
los gases de invernadero	greenhouse gases
el clima	climate
el cambio climático	climate change
el calentamiento global	global warming
las emisiones de carbono	carbon emissions
los combustibles fósiles	fossil fuels
los vertidos tóxicos	toxic waste
un vertedero de basuras	landfill site
un aerosol	aerosol
los CFCs	CFCs
un pesticida	pesticide
una especie en peligro de extinción	endangered species

las soluciones

solutions

el reciclado	recycling
el contenedor de botellas	bottle bank
la conservación	conservation
una fuente de energía renovable	renewable energy source
la agricultura ecológica	organic farming
un parque eólico	wind farm
la energía solar	solar power
unos paneles solares	solar panels
la gasolina sin plomo	unleaded petrol

---

me interesan mucho los asuntos medioambientales
I'm very interested in green issues

tenemos que reducir las emisiones de carbono
we need to cut carbon emissions

el hombre está destruyendo el planeta
Man is destroying the planet

Homework help

Many people are concerned about... **Hay mucha gente preocupada por...**	climate change. **el cambio climático.**
	the greenhouse effect. **el efecto invernadero.**
	the destruction of the rainforests. **la destrucción de la selva tropical.**
	pollution. **la contaminación.**
	nuclear power. **la energía nuclear.**
We need to... **Tenemos que...**	save the planet. **salvar el planeta.**
	save energy. **ahorrar energía.**
	find renewable energy sources. **encontrar fuentes de energía renovable.**
	protect wildlife. **proteger la vida animal.**
	cut pollution. **reducir la contaminación.**
People should... **La gente debería...**	sort their rubbish. **separar su basura.**
	recycle more. **reciclar más.**

turn out the lights to save energy.
apagar las luces para ahorrar energía.

drive smaller cars.
conducir coches más pequeños.

take fewer flights.
usar menos el avión.

eat organic food.
comer alimentos ecológicos.

Otherwise...
Si no,...

we will run out of fuel.
nos quedaremos sin combustible.

animals will become extinct.
los animales se extinguirán.

there will be floods/droughts.
habrá inundaciones/sequías.

people will get ill/die.
la gente enfermará/se morirá.

See also sections

27 NATURE, 34 TOPICAL ISSUES *and* **48 GEOGRAPHICAL TERMS.**

30 ¿Qué Tiempo Hace?
What's the weather like?

llover	to rain
diluviar	to be pouring with rain
lloviznar	to drizzle
nevar	to snow
granizar	to hail
caer aguanieve	to sleet
helar	to be freezing
haber niebla	to be foggy
haber neblina	to be misty
brillar	to shine
derretir(se)	to melt
empeorar	to get worse
mejorar	to improve
cambiar	to change
al sol	in the sun
a la sombra	in the shade
cubierto	overcast
nuboso	cloudy
despejado	clear
con niebla	foggy
con neblina	misty
soleado	sunny
tormentoso	stormy
seco	dry
caluroso	warm, hot
húmedo	humid
frío	cold

fresco	cool
suave	mild
agradable	pleasant
horrible	awful
variable	changeable
el tiempo	weather
la temperatura	temperature
el parte meteorológico	weather forecast
el hombre/la chica del tiempo	weather man/girl
el clima	climate
la atmósfera	atmosphere
un anticiclón/la baja presión	high/low pressure
un frente frío/cálido	cold/warm front
una mejoría	improvement
un empeoramiento	worsening
el termómetro	thermometer
los grados	degrees
el barómetro	barometer
el cielo	sky
los cielos	sky

la lluvia   rain

la humedad	humidity, dampness
las precipitaciones	precipitation *(snow, rain etc)*
una gota de lluvia	raindrop
un charco	puddle
una nube	cloud
un chaparrón	shower, downpour
un chubasco	sudden *(short)* shower
la llovizna	drizzle
la niebla	fog
la neblina	mist
el granizo	hail
una inundación	flood

una tormenta	thunderstorm
un trueno	(clap of) thunder
un relámpago	(flash of) lightning
un rayo	(flash of) lightning
el arco iris	rainbow

el frío — cold weather

la nieve	snow
un copo de nieve	snowflake
una nevada	snowfall
una avalancha	avalanche
una bola de nieve	snowball
una máquina quitanieves	snowplough
un muñeco de nieve	snowman
el aguanieve	sleet
una helada	frost
el deshielo	thaw
la escarcha	heavy frost
el hielo	ice
el rocío	dew

el buen tiempo — good weather

el sol	sun
un rayo de sol	ray of sunshine
el calor	heat
una ola de calor	heatwave
el bochorno	sultriness
la sequía	drought

el viento — wind

el viento	wind
una corriente de aire	draught
una ráfaga de aire	gust of wind
el cierzo	north wind
la brisa	breeze
un huracán	hurricane
la tempestad	storm
un ciclón	cyclone

hace buen/mal tiempo
the weather is good/bad

estamos a 30 grados a la sombra/14 grados bajo cero
the temperature is 30° in the shade/minus 14°

está lloviendo (a cántaros)
it's raining (cats and dogs)

llueve a chaparrón
it's pouring

Inf **están lloviendo chuzos de punta**
it's chucking it down

hace sol/calor/frío
it's sunny/hot/cold

hace viento
the wind's blowing

Inf **estoy asfixiada de calor**
I'm sweltering

Inf **hace un frío que pela**
it's freezing cold

hace un día espléndido
it's a glorious day

¡qué tiempo tan horrible!
what awful weather!

hemos tenido suerte con el tiempo
we've been lucky with the weather

¿qué pronóstico hay para el fin de semana?
what's the forecast for the weekend?

31 La Familia y Los Amigos

Family and Friends

la familia	**the family**
estar emparentado con	to be related to
casarse (con)	to get married (to)
comprometerse (con)	to get engaged (to)
tener niños	to have children
adoptar	to adopt
ser huérfano	to be an orphan
ser adoptado	to be adopted
un pariente	relation, relative
los padres	parents
la madre	mother
el padre	father
la mamá	mum
el papá	dad
la madrastra	stepmother
el padrastro	stepfather
un niño, una niña	child, little boy/girl
los niños	children
un bebé	baby
un nene, una nena	baby boy/girl; little boy/girl
un hijo, una hija	son/daughter
los hijos	children *(offspring)*
un hijo adoptivo, una hija adoptiva	adopted son/daughter
un hijastro, una hijastra	stepson/stepdaughter
el hermano, la hermana	brother/sister
el hermano gemelo, la hermana gemela	twin brother/sister

el hermanastro, la hermanastra	stepbrother/stepsister
el abuelo, la abuela	grandfather/grandmother
el abuelito, la abuelita	granddad/granny
los abuelos	grandparents
el nieto/la nieta	grandson/granddaughter
los nietos	grandchildren
el bisabuelo, la bisabuela	great-grandfather/great-grandmother
la mujer	wife
la esposa	wife
el marido	husband
el esposo	husband
la pareja	partner
una pareja	couple
el suegro, la suegra	father-in-law/mother-in-law
los suegros	in-laws
la nuera	daughter-in-law
el yerno	son-in-law
el cuñado, la cuñada	brother-in-law/sister-in-law
el tío, la tía	uncle/aunt
el primo, la prima	cousin
el sobrino, la sobrina	nephew/niece
la madrina	godmother
el padrino	godfather
el ahijado, la ahijada	godson/goddaughter

los amigos — friends

la amistad	friendship
las amistades	one's friends
un amigo	friend
un amigo íntimo	close friend, best friend
el compañero	companion; partner
el novio	boyfriend/girlfriend; fiancé(e)
el vecino	neighbour

¿tienes hermanos?
do you have any brothers (or sisters)?

no tengo hermanos
I have no brothers (or sisters)

soy hijo único/hija única
I'm an only child

el mayor es Alfredo
Alfredo is the oldest

Lola es la mediana
Lola is the middle one

Manolo es el pequeño
Manolo is the youngest

mi hermano (el) mayor tiene 17 años
my big brother is 17

tengo que cuidar de mi hermanita
I have to look after my little sister

Paco y Santiago son muy amigos
Paco and Santiago are close friends

la tía Tere y el primo Miguel
aunt Tere and cousin Miguel

tienen familiares en Cánada
they have relatives in Canada

es amigo mío
he's a friend of mine

Elena es su mejor amiga
Elena is his/her best friend

Inf **¡mis suegros me están volviendo loco!**
my in-laws are driving me nuts!

Inf **tienen unos niños monísimos**
their kids are really cute

Note

★ Note that **el padre** means 'father', but **los padres** means 'parents'. The same is true of **el abuelo** (grandfather)/**los abuelos** (grandparents), **el sobrino** (nephew)/**los sobrinos** (nieces and nephews), **el hijo** (son)/**los hijos** (children) etc.

Note—cont'd

★ False friend: the word un pariente means relative, not 'parent'. Similarly, estar emparentado con alguien just means to be related to someone, not necessarily to be their parent or child.

★ There are two different words in Spanish for 'to know': saber, used for facts or information, and conocer, used for people and places in the sense of 'to be familiar with'. Note that when using conocer about people, you need to insert the 'personal a':

¿conoce a mi madre?	¿cuánto es? – no sé
do you know my mother?	how much is it? – I don't know

The verb saber is also used in the sense of 'to be able to, to know how to':

sabes nadar?
can you swim?
(lit. 'do you know how to swim?')

See also section

8 IDENTITY AND AGE.

32 LA ENSEÑANZA
SCHOOL AND EDUCATION

ir al colegio/a la escuela/al instituto	to go to school
pasar lista	to take the register
estudiar	to study
aprender	to learn
aprender de memoria	to learn by heart
hacer los deberes	to do one's homework
preguntar	to ask
responder (a)	to answer
contestar (a)	to answer
levantar la mano	to put one's hand up
salir al encerado/a la pizarra	to go to the blackboard
saber	to know
repasar	to revise
examinar	to examine
presentarse a/hacer un examen	to sit an exam
aprobar	to pass
suspender	to fail
repetir curso	to repeat a year
hacer novillos	to play truant
pirarse una clase	to skip a class
castigar	to punish
expulsar	to expel; to suspend
ser expulsado	to be expelled
ser expulsado temporalmente	to be suspended
quedarse castigado después de clase	to get detention
ausente	absent
presente	present
inteligente	intelligent

aplicado	diligent
trabajador	hardworking
estudioso	studious
distraído	inattentive
indisciplinado	undisciplined
gamberro	naughty
popular	popular
una guardería	nursery, creche
una escuela infantil	nursery school
un colegio	school
una escuela primaria	primary school
un instituto	secondary school
una escuela técnica	technical college
una academia de secretariado	secretarial college
un colegio privado	private school
un internado	boarding school
una universidad	university
un centro estatal	state school
la Universidad a Distancia	distance-learning univeristy
la enseñanza pública	state education
la enseñanza privada	private education
el nocturno	night school/classes
las clases particulares	private tuition

en el centro docente — at school

una clase	class(room)
un aula (f)	classroom
el despacho del director	headteacher's office
la sala de profesores	staff room
la biblioteca	library
el laboratorio	laboratory
el laboratorio de lenguas	language lab
el centro de asesoramiento profesional	careers centre
el gimnasio	gym
el botiquín	infirmary

el patio de recreo	playground
el bar	café
la cafetería	canteen
un pupitre	desk
la mesa del profesor	teacher's desk
la pizarra	blackboard
el encerado	blackboard
la tiza	chalk
un borrador	duster, sponge
la pizarra blanca	whiteboard
la pizarra blanca interactiva	interactive whiteboard
el retroproyector	overhead projector
una diapositiva de retroproyector	OHP slide
una cartera	school-bag
un cuaderno	exercise book
un libro	book
un libro de texto	textbook
un diccionario	dictionary
un estuche	pencilcase
un bolígrafo	ballpoint pen, biro
una pluma	(fountain) pen
un lápiz	(lead) pencil
un lapicero	(lead) pencil
el papel	paper
un rotulador	felt-tip pen
un sacapuntas	pencil sharpener
una goma	rubber
una regla	ruler
un compás	pair of compasses
una escuadra	set-square
un transportador	protractor
una calculadora de bolsillo	pocket calculator
el juego de gimnasio	gym kit

la gimnasia	gymnastics
el potro	horse
el trampolín	trampoline
una esterilla	mat
el campo de juego	playing field

los profesores y los alumnos
teachers and pupils

un profesor	teacher
un maestro	primary school teacher
un catedrático	head of department
un tutor	tutor
un profesor sustituto	supply teacher
el director	headmaster
la directora	headmistress
el profesor de lengua y literatura	Spanish teacher
el profesor de matemáticas	maths teacher
un inspector	inspector
un consejero profesional	careers advisor
un enfermero	nurse
un consejero	counsellor
el secretario del colegio	school secretary

un alumno	pupil
un estudiante	student
un interno	boarder
un repetidor	pupil repeating a year
un empollón	swot
el favorito del profesor	teacher's pet
un acosador	bully
un compañero	classmate

el curso
the school year

el trimestre	term
el horario	timetable
una asignatura	subject
una lección	lesson

una clase	class, period
la clase de lengua	Spanish class
la clase de matemáticas	maths class
una hora libre	free period
el cálculo	sum
el álgebra *(f)*	algebra
la aritmética	arithmetic
la geometría	geometry
la trigonometría	trigonometry
la suma	sum; addition
la resta	subtraction
la multiplicación	multiplication
la división	division
una ecuación	equation
un círculo	circle
un triángulo	triangle
un cuadrado	square
un rectángulo	rectangle
un ángulo	angle
un ángulo recto	right angle
un cubo	cube
el volumen	volume
el diámetro	diameter
la historia	history
la geografía	geography
las ciencias naturales	science
la biología	biology
la química	chemistry
la física	physics
la informática	IT
la psicología	psychology
la filosofía	philosophy
la sociología	sociology

los estudios empresariales	business studies
el derecho	law
las lenguas	languages
las lenguas modernas	modern languages
el inglés	English
el español	Spanish
el francés	French
el latín	Latin
el griego	Greek
el vocabulario	vocabulary
la gramática	grammar
la conjugación	conjugation
la ortografía	spelling
la lectura	reading
la escritura	writing
una redacción	essay
un trabajo	essay
una traducción	translation
la literatura	literature
una novela	novel
una obra de teatro	play
un poema	poem
un relato	short story
la música	music
el dibujo	drawing
los trabajos manuales	CDT, crafts
la economía del hogar	home economics
el teatro	drama
la religión	religious education
la educación física	P.E.
un ejercicio	exercise; test
un problema	problem; sum
una pregunta	question
una respuesta	answer

un ejercicio oral/escrito	oral/written test
un examen	exam(ination)
los deberes	homework
un trabajo del curso	coursework
un proyecto	project
una presentación	presentation
una buena/mala nota	good/bad mark
las notas	marks, results
el aprobado	pass mark
un error	mistake
el boletín de notas	report
un título	certificate
un certificado	certificate
un diploma	diploma
un premio	prize
la disciplina	discipline
un castigo	punishment
el recreo	break
el timbre	bell
el almuerzo	lunch
la hora de ir a casa	hometime
las actividades extraescolares	after-school activities
un viaje de estudios	school trip
un viaje de intercambio	exchange visit
las vacaciones escolares	school holidays
las vacaciones de Semana Santa	Easter holidays
las vacaciones de Navidad	Christmas holidays
las vacaciones de verano	summer holidays
el comienzo del curso	beginning of school year

la universidad — university

un alumno	student, undergraduate
un licenciado	graduate
un postgraduado	postgraduate

un profesor (de universidad)	(university) lecturer
un catedrático	professor
un tutor	tutor
un departamento	department
una clase	lecture
una tutoría	tutorial
un seminario	seminar
un auditorio	lecture theatre
un colegio mayor	hall of residence
un sindicato de estudiantes	students' union
una tesina	dissertation
una tesis	thesis
una licenciatura	degree
un máster	masters
un doctorado	PhD
un diploma	diploma
un curso intermedio	sandwich course
una licenciatura	graduation
un año sabático	gap year

ha sonado el timbre
the bell has gone

estudia derecho en la universidad
he's/she's studying law at university

tengo un título de postgrado en dirección de empresas
I've got a postgraduate qualification in management

tenemos dos horas de matemáticas hoy
we have double maths today

Inf **hemos hecho novillos en física**
we bunked off physics

Inf **estaba muerto de aburrimiento en esa clase de historia**
I was bored stiff in that history class

Note

False friend: The Spanish word el colegio means 'school', not 'college'.

 Homework help

My favourite subject is...
Mi asignatura favorita es el/la...

My least favourite subject is...
La asignatura que menos me gusta es el/la...

When I finish school I want to... **Cuando acabe el colegio quiero...**	go to university. **ir a la universidad.**
	study to be a doctor/lawyer. **estudiar para medico/abogado.**
	train as a hairdresser/childminder. **prepararme para ser peluquero/ cuidar niños.**
	get a good job. **conseguir un buen trabajo.**
	go travelling. **viajar.**
I think... **Creo que...**	it's important to study languages/ history/maths. **es importante estudiar idiomas/ historia/matemáticas.**

we have too much homework/too many exams.
tenemos muchos deberes/demasiados exámenes.

we should do more...at school.
deberíamos hacer más...en clase.

we do too much...at school.
hacemos demasiado...en clase.

we should have nicer/healthier school dinners.
las comidas del colegio deberían ser más buenas/más sanas.

we need to stop bullying in schools.
tenemos que parar el abuso escolar en los colegios.

| However,... | going to university is expensive. |
| **Sin embargo,...** | **ir a la universidad es caro.** |

some people find studying boring/difficult.
alguna gente piensa que estudiar es aburrido/difícil.

it will be useful in the future.
será útil en el futuro.

See also section

9 JOBS AND WORK.

33 EL DINERO
MONEY

comprar	to buy
vender	to sell
gastar	to spend
pedir prestado	to borrow
prestar	to lend
pagar	to pay
pagar al contado	to pay cash
pagar en efectivo	to pay cash
pagar con cheque	to pay by cheque
cambiar	to change, to exchange
pagar a plazos	to pay in instalments
transferir dinero	to transfer money
sacar dinero (del banco)	to withdraw money
ingresar dinero	to pay in money
ahorrar	to save money
hacer cuentas	to do one's accounts
tener saldo	to be in credit
tener deudas	to be in debt
estar en números rojos	to be overdrawn
ir a la bancarrota	to go bankrupt
pagar una deuda	to pay off a debt
rico	rich
forrado	loaded
pobre	poor
millonario	millionaire
el dinero	money
un billete	banknote
una moneda	coin
un monedero	purse

una billetera	wallet
una cartera	wallet
los ahorros	savings
una hucha	moneybox
la paga	pocket money
una prestación	allowance
un banco	bank
una Caja de Ahorros	savings bank
la banca	banking
la banca por Internet	online banking
la caja	till, cashdesk
la ventanilla	counter
el mostrador	counter
el cajero automático	cash dispenser
una cuenta bancaria	bank account
una cuenta corriente	current account
una cuenta de ahorro	savings account
una cuenta de alto interés	high-interest account
un reintegro	withdrawal
una transferencia	transfer
un ingreso	deposit
una tarjeta de crédito	credit card
una tarjeta de débito	debit card
un talonario de cheques	chequebook
una chequera	chequebook
un cheque	cheque
un cheque de viaje	traveller's cheque
una cartilla	savings book
un estadillo	statement
un crédito	credit
una deuda	debt
un saldo deudor	overdraft
un préstamo	loan
una inversión	investment

el interés	interest
el IVA	VAT
la inflación	inflation
la Bolsa	Stock Exchange
una acción	share
la moneda	currency
el euro	Euro
un billete de 10 euros	10-euro note
la libra esterlina	pound sterling
un penique	penny
el dólar	dollar
una oficina de cambio	bureau de change
la comisión	commission

---

querría cambiar 200 euros en libras
I'd like to change 200 euros into pounds

¿puedo pagar con tarjeta de crédito?
can I pay by credit card?

¿me puedes prestar 20 euros?   **le pedí prestados 30 euros**
can you lend me 20 euros?   I borrowed 30 euros from him

transferí el dinero a mi cuenta bancaria
I transferred the money to my bank account

Inf **estoy sin blanca/sin un duro/más pelado que una rata**
I'm broke

Inf **Marta tira todo el dinero en zapatos**
Marta blows all her money on shoes

Inf **su piso les costó un riñón**
their flat cost an arm and a leg

Inf **es un agarrado**   *Inf* **¡menudo robo!**
he's such a tightwad   what a rip-off!

Homework help

These days people... **Ahora la gente...**	spend too much on credit cards. **gasta demasiado con las tarjetas de crédito.**
	get into debt easily. **se endeuda rápidamente.**
	do their banking online. **hacen las gestiones del banco a través de Internet.**
I'm worried about... **Me preocupa...**	getting into debt. **contraer deudas.**
	not having enough money. **no tener dinero suficiente.**
	my bank details being stolen. **que me roben los datos bancarios.**
It annoys me... **Me fastidia...**	that I can't afford the things I want. **no poder comprarme las cosas que quiero.**
	that clothes/video games are so expensive. **que la ropa sea tan cara/los videojuegos sean tan caros.**
I need to... **Necesito...**	get a weekend job. **conseguir un trabajo para el fin de semana.**
	find a well-paid job. **encontrar un trabajo bien remunerado.**
	save money. **ahorrar dinero.**
	learn how to budget. **aprender a administrarme.**

See also sections

9 JOBS AND WORK *and* **18 SHOPPING.**

34 LOS TEMAS DE ACTUALIDAD

TOPICAL ISSUES

pensar (que)	to think (that)
creer (que)	to believe (that), think (that)
discutir	to discuss
discutir (de/sobre)	to argue (about)
debatir	to debate
criticar	to criticize
protestar	to protest
defender	to defend
estar a favor (de)	to be for
estar en contra (de)	to be against
sugerir	to suggest
insistir	to insist
persuadir	to persuade
cambiar de idea	to change one's mind
intransigente	intolerant
tolerante	broad-minded
una actitud	attitude
una creencia	belief
un problema	problem
una discusión	argument
una manfestación	demonstration
una marcha	march
un mitin	rally
un disturbio	riot

la guerra	war
la paz	peace
el proceso de paz	peace process
los aliados	allies
la violencia	violence
el extremismo	extremism
el terrorismo	terrorism
un(a) terrorista	terrorist
un(a) terrorista suicida	suicide bomber
un atendado suicida	suicide bombing
un atentado terrorista	terrorist attack
un atentado	bombing
las armas nucleares	nuclear weapons
el desarme	disarmament
una superpotencia	superpower
el Oriente Medio	the Middle East
Europa	Europe
la Unión Europea	European Union
la ampliación de la UE	European enlargement
el euro	euro
la energía nuclear	nuclear power
una central nuclear	nuclear power station
una prueba nuclear	nuclear test
la energía renovable	renewable energy
el desarrollo sostenible	sustainable development
el medio ambiente	the environment
la ecología	ecology
la globalización	globalization
el hambre *(f)*	starvation
la sequía	drought
la pobreza	poverty
la miseria	destitution
el paro	unemployment

las prestaciones	benefits
la caridad	charity
una zona de marginación	deprived area
las viviendas de protección oficial	council housing
la violencia doméstica	domestic violence
un ataque	attack
una agresión	assault
el acoso sexual	sexual harassment
el abuso	abuse; bullying
el abuso infantil	child abuse
el abuso sexual	sexual abuse
un pedófilo	paedophile
el embarazo adolescente	teenage pregnancy
la contracepción	contraception
el aborto	abortion; miscarriage
la presión del grupo	peer pressure
la igualdad de derechos	equal rights
la discriminación	discrimination
el feminismo	feminism
una feminista	feminist
la discriminación sexual	sexual discrimination
el machismo	male chauvinism
un machista	male chauvinist
la homosexualidad	homosexuality
un homosexual	gay man
una lesbiana	lesbian
los derechos de los homosexuales	gay rights
una unión civil	civil partnership
el sida	AIDS
el racismo	racism
la discapacidad	disability
los discapacitados	disabled people
la inmigración	immigration
la integración	integration

un gueto	ghetto
un refugiado	refugee
un refugiado político	political refugee
un campo de refugiados	refugee camp
la opresión	oppression
la tortura	torture
la persecución	persecution
una dictadura	dictatorship
la pena de muerte	death penalty
los derechos humanos	human rights
el tráfico de personas	people trafficking
la prostitución	prostitution
el comercio de armas	arms trade
los diamantes de guerra	conflict diamonds
el trabajo infantil	child labour
el comercio justo	fair trade
el alcoholismo	alcoholism
el abuso del alcohol	binge drinking
el tabaco	smoking
la prohibición de fumar	smoking ban
la droga	drugs
las drogas duras/blandas	hard/soft drugs
el abuso de las drogas	drug abuse
un drogadicto	drug addict
una sobredosis	overdose
el hachís	hashish
la cocaína	cocaine
la heroína	heroin
el tráfico de drogas	drug trafficking
un traficante	dealer
los derechos de los animales	animal rights
las pruebas con animales	animal testing
el vegetarianismo	vegetarianism
los alimentos transgénicos	genetically modified food

un gen	gene
modificado genéticamente	genetically modified
un transplante	transplant
un embrión	embryo
una célula madre	stem cell
la clonación	cloning
la eutanasia	euthanasia

---

pienso que...
I think/believe that...

me parece que...
I believe.../it seems to me that...

estoy/no estoy de acuerdo (contigo)
I agree/disagree (with you)

su primo está alcoholizado
his/her cousin is an alcoholic

¿qué opinas sobre el aborto?
what's your opinion on abortion?

está muy interesado en las cuestiones relacionadas con los derechos de los animales
he's very interested in animal rights issues

deberíamos hacer más cosas para ayudar a los sin techo
we should do more to help the homeless

se suele discriminar a los discapacitados
disabled people are often discriminated against

todos ellos se drogan
all of them take drugs

Inf **¡qué tontería!**
that's rubbish!

Homework help

I'm for/against...	I approve/disapprove of...
Estoy a favor/en contra de...	**Apruebo/desapruebo...**
I believe in/don't believe in...	It's important to...
Creo en/no creo en...	**Es importante...**

We need to do more to fight... **Tenemos que hacer más cosas para luchar contra...**	

We need to stop/reduce... **Tenemos que parar/reducir...**	We need to improve/increase... **Tenemos que mejorar/aumentar...**
People could... **La gente podría...**	The government should... **El gobierno debería...**
I think it's shocking that... **Creo que es un escándalo que...**	people have to sleep on the streets. **la gente tenga que dormir en la calle.**
	racism still exists. **todavía exista el racismo.**
	gay people are discriminated against. **se discrimine a los homosexuales.**
I'm worried about... **Me preocupa...**	being mugged. **que me atraquen.**
	a terrorist attack. **un atentado terrorista.**
	scientists cloning humans. **que los científicos clonen a los humanos.**
	the AIDS epidemic. **la epidemie del sida.**
It would be better if... **Sería mejor si...**	drugs were legalized. **se legalizaran las drogas.**
	cloning was banned. **se prohibiera la clonación.**
	we joined the euro. **nos adhiriéramos al euro.**
	there were tighter immigration controls. **hubiera controles más estrictos sobre la inmigración.**

See also sections

16 SMOKING *and* **29 THE ENVIRONMENT.**

35 LA POLÍTICA
POLITICS

gobernar	to govern
elegir	to elect
votar	to vote
manifestarse	to demonstrate
abolir	to abolish
suprimir	to get rid of
nacionalizar	to nationalize
privatizar	to privatize
legalizar	to legalize
político	political
democrático	democratic
conservador	conservative
socialista *(m/f)*	socialist
verde	green
comunista *(m/f)*	communist
marxista *(m/f)*	Marxist
fascista *(m/f)*	fascist
anarquista *(m/f)*	anarchist
capitalista *(m/f)*	capitalist
extremista *(m/f)*	extremist
de derechas	right wing
de izquierdas	left wing
centro-derecha	centre-right
centro-izquierda	centre-left
una nación	nation
un país	country
una comunidad autónoma	autonomous region *(of Spain)*
un estado	state

una república	republic
una monarquía	monarchy
un gobierno	government
un parlamento	parliament
un Consejo de Ministros	Cabinet
el Jefe del Estado	Head of State
el presidente	president
el presidente del Gobierno	Prime Minister
un ministro	minister
un diputado	MP
un político	politician
un manipulador	spin doctor
un votante	voter
el pueblo	the people
la burguesía	middle classes
la clase obrera	working class
un monarca	monarch
un rey	king
una reina	queen
un príncipe	prince
una princesa	princess
un infante	prince
una infanta	princess
las elecciones	elections
un partido	political party
el derecho al voto	right to vote
un distrito electoral	constituency
una urna	ballot box
una papeleta de voto	ballot (paper)
un candidato	candidate
la campaña electoral	election campaign

un sondeo de opinión	opinion poll
un proyecto de ley	bill
una ley	law
una política	policy
la Constitución	constitution
un escándalo	scandal
una crisis	crisis
una manifestación	demonstration
un golpe de Estado	coup
una revolución	revolution
una guerra civil	civil war
los derechos del hombre	human rights
una dictadura	dictatorship
la corrupción	corruption
la democracia	democracy
el socialismo	socialism
el comunismo	communism
el marxismo	Marxism
el fascismo	fascism
el anarquismo	anarchism
el capitalismo	capitalism
el pacifismo	pacifism
la libertad	freedom
la gloria	glory
la ONU (Organización de las Naciones Unidas)	UN (United Nations)
la UE (Unión Europea)	EU (European Union)
la OTAN (Organización del Tratado del Atlántico Norte)	NATO (North Atlantic Treaty Organization)

> **Turquía ha solicitado su anexión a la UE**
> Turkey has applied to join the EU
>
> **el gobierno va a celebrar un referéndum sobre el euro**
> the government are holding a referendum on the euro
>
> **el partido obtuvo cinco escaños en las últimas elecciones**
> the party gained five seats in the recent election

 *Homework help*

If I were the Prime Minister I would make/tell/give...
Si fuera Presidente yo haría/diría/daría...

Young people... **La gente joven...**	aren't interested in politics. **no está interesada en la política.**
	don't understand politics. **no entiende de política.**
	think politicians don't listen to them. **cree que los politicos no les escuchan.**
	don't trust politicians. **no confía en los políticos.**
I think... **Creo que...**	it's important to vote. **es importante votar.**
	politicians should focus more on youth issues. **los politicos deberían centrarse más en los problemas de la juventud.**

the government should do more to help poor people/asylum seekers.

el gobierno debería hacer más cosas para ayudar a los pobres/a los que buscan asilo político.

the voting age should be lowered/raised.

se debería disminuir/aumentar la edad mínima para votar.

People should vote because...
La gente debería votar porque...

it's a chance to have your say.
es una ocasión para expresar su opinión.

we're lucky to live in a democracy.
tenemos suerte de vivir en una democracia.

women fought very hard to get the vote.
las mujeres lucharon mucho para conseguir el derecho al voto.

Some people don't vote because...
Alguna gente no vota porque...

they're too lazy.
les da demasiada pereza.

they can't decide who to vote for.
no pueden decidir por quién votar.

they think all the parties are the same.
piensan que todos los partidos son iguales.

See also section

34 TOPICAL ISSUES.

36 La Comunicación

COMMUNICATING

decir	to say; to tell
hablar	to talk, to speak
repetir	to repeat
añadir	to add
declarar	to declare, to state
explicar	to explain
expresar	to express
insistir	to insist
reivindicar	to claim
entrevistar	to interview
conversar con	to speak with
charlar	to chat
informar	to inform
indicar	to indicate
mencionar	to mention
prometer	to promise
gritar	to shout
chillar	to yell, to shriek
susurrar	to whisper
murmurar	to murmur
refunfuñar	to mumble
tartamudear	to stammer
balbucear	to babble
gesticular	to gesticulate
manotear	to wave one's arms/hands
excitarse	to get worked up
responder	to reply, to answer
contestar	to reply, to answer
replicar	to reply, to retort
discutir	to discuss; to argue

persuadir	to persuade
convencer	to convince
influenciar	to influence
dar el visto bueno a	to approve
contradecir	to contradict
objetar	to object
exagerar	to exaggerate
subrayar	to emphasize
querer decir	to mean
pronosticar	to predict
confirmar	to confirm
negar	to deny
dudar	to doubt
confesar	to admit, to confess
reconocer	to recognize
admitir	to admit, to confess
esperar	to hope
fingir	to pretend
engañar	to deceive
adular	to flatter
criticar	to criticize
cotillear	to gossip
disculparse	to apologize
pedir disculpas	to apologize
una conversación	conversation
una discusión	discussion; argument
una explicación	explanation
una charla	talk; chat
un diálogo	dialogue
un discurso	speech
una conferencia	lecture
una idea	idea
una entrevista	interview
un congreso	conference
las habladurías	gossip, rumours
una opinión	opinion

un punto de vista	point of view
un argumento	argument *(reasoning)*
un malentendido	misunderstanding
la conformidad	agreement
la disconformidad	disagreement
el desacuerdo	disagreement
una crítica	criticism
una objeción	objection
una declaración	declaration, statement
una confesión	confession, admission
un micrófono	microphone
un megáfono	megaphone
un altavoz	loudspeaker
convencido	convinced
convincente	convincing
verdadero	true
falso	false
alrededor	about *(approximately)*
casi	almost
completamente	entirely
excepto	except
francamente	frankly
generalmente	generally
gracias a	thanks to
quizá	maybe
naturalmente	naturally, of course
porque	because
¿por qué?	why?
sin	without
sin duda	undoubtedly
sin embargo	however
tal vez	maybe
totalmente	absolutely
vale	OK

tener razón/no tener razón to be right/wrong	**opinó a favor/en contra…** he/she argued for/against…
no estoy de acuerdo con sus ideas I don't approve of his/her ideas	
¿qué significa esto? what does this mean?	**no entiendo lo que quieres decir** I don't know what you mean
¿no te parece? don't you think?	**eso es** that's right, that's it
¿verdad? isn't it?, don't you? etc	**¿de verdad?** really?
estaba bastante enfadado -¿ah, sí? he was quite angry – was he?	
es un argumento muy convincente, ¿verdad?/¿no crees? it's a very convincing argument, isn't it?/don't you think?	

Note

The words **quizás** and **tal vez** (both meaning 'maybe') can be followed by either the indicative or the subjunctive, depending on the degree of certainty (the indicative shows you are more certain than the subjunctive):

tal vez tienes razón *(indicative)*
you might be right

quizás venga mañana, no sé *(subjunctive)*
he might come tomorrow, I don't know

If you said **tal vez tengas razón**, it would mean you had serious doubts about what the other person was saying.

See also sections

34 TOPICAL ISSUES *and* **38 THE PHONE.**

escribir	to write
anotar	to jot down
escribir a máquina	to type
firmar	to sign
cerrar (un sobre)	to seal (an envelope)
poner sello a	to put a stamp on
pesar	to weigh
enviar (por correo)	to send (in the post)
expedir	to dispatch, to send out
echar al correo	to post
recibir	to receive
contestar	to reply
devolver	to send back
mantener correspondencia con	to correspond with
escrito a máquina	typed
escrito a mano	handwritten
legible	legible, readable
ilegible	illegible
por avión	by airmail
urgente	by special delivery
certificado	by registered mail
por mensajero	by courier
una carta	letter
el correo	mail, post
una cuartilla	writing paper
un folio	sheet of paper *(A4 size)*
la fecha	date
la firma	signature

un sobre	envelope
la dirección	address
las señas	address
el destinatario	addressee
el remitente	sender
el remite	sender's name and address
el código postal	postcode
un sello	stamp
un bolígrafo	ballpoint pen
un lápiz	pencil
la letra	handwriting
un ordenador	computer
una nota	note
un párrafo	paragraph
una frase	sentence
una línea	line
una palabra	word
el margen	margin
un paquete	parcel
una tarjeta postal	postcard
un impreso	form
un giro postal	postal order
una postal	postcard
una carta comercial	business letter
una reclamación	complaint
una carta de amor	love letter
una invitación	invitation
una carta de agradecimiento	thank-you letter
un christmas	Christmas card
un buzón	postbox
las horas de recogida	collection times
Correos	post office
la ventanilla	counter
el cartero	postman

¡tiene una letra pésima!
his/her handwriting is appalling!

deme un sello de dos euros   **devuélvase al remitente**
I'd like a two-euro stamp   return to sender

quiero tres sellos para el Reino Unido, por favor
I'd like three stamps for the UK please

le confirmaré todos los datos por   **mañana le mandaré un e-mail**
fax   I'll e-mail you tomorrow
I'll confirm all the details by fax

Note

False friends: the Spanish word la carta means 'letter', not 'card'. The word for a postcard is la postal.

The word la letra can mean either 'handwriting' or 'letter of the alphabet', but never 'letter' in the mail sense.

 Homework help

Starting the letter

Dear Sir/Madam, **Estimado Sr./Sra.:**	Dear Ana, **Querida Ana:**
Dear Mum and Dad, **Queridos papá y mamá:**	
Dear all, **Queridos todos:**	Hi Isabel! **Hola, Isabel:**
How are you? **¿Cómo estás?**	I hope you are well. **Espero que estés bien.**

Thank you for your letter.	It was great to hear from you.
Gracias por tu carta.	**Me dio mucha alegría saber de ti.**

Purpose of the letter

I'm writing to...	ask for...
Le escribo para...	**pedirle...**
	thank you for...
	darle las gracias por...
	wish you...
	desearle...
	tell you...
	decirle...
	invite you...
	invitarle...
Please could you...	send me...
¿Podría, por favor...	**enviarme...**
	tell me...
	decirme...
	confirm...
	confirmar...
I'm sending you...	Please find enclosed...
Le envío...	**Le adjunto...**

Finishing the letter

Please do not hesitate to contact me.
Le ruego que no dude en ponerse en contacto conmigo.

I look forward to hearing from you.
Quedo a la espera de sus noticias.

Yours sincerely,	Yours faithfully,
Cordialmente,	**Atentamente,**

Kind regards, **Saludos cordiales,**	See you soon, **Hasta pronto,**
Give my love to Julia **Dale recuerdos míos a Julia**	Write back soon! **¡Escribe pronto!**
Love, **Besos,**	Lots of love from... **Un fuerte abrazo de...**

See also sections

34 TOPICAL ISSUES *and* **38 THE PHONE.**

llamar por teléfono	to call, to phone
marcar	to dial
colgar	to hang up
contestar	to answer
telefonear	to make a phone call
dar un telefonazo a	to phone, to ring
volver a llamar	to call back
dejar un mensaje	to leave a message
equivocarse de número	to dial the wrong number
descolgar	to lift the receiver
mandar un SMS	to text
cargar	to charge
recargar	to top up
comunicando	engaged
averiado	out of order
el auricular	receiver
una tecla	button, key
la tecla estrella/almohadilla	star/hash key
un teléfono inalámbrico	cordless phone
el contestador	answering machine
el correo de voz	voicemail
el tono	dialling tone
una guía telefónica	phone book
las páginas amarillas	Yellow Pages®
una cabina telefónica	phone box
una tarjeta telefónica	phonecard
una conferencia internacional	international call
el prefijo	dialling code
el número	number

Información (f)	enquiries
una llamada a cobro revertido	reverse-charge call
un número gratuito	Freefone® number
un número de servicios especiales	premium-rate number
una urgencia	emergency
un abonado	subscriber
la operadora	operator
la marcación rápida	speed dial

los móviles — mobile phones

un móvil	mobile phone
un SMS	text message
un mensaje	(text) message
un mensaje con imágenes	picture message
un tono de llamada	ringtone
el texto predictivo	predictive text
un teléfono con cámara/vídeo	camera/video phone
una red	network
un contrato	contract
una tarjeta recargable	top-up card
el saldo	credit
la cobertura	signal
un cargador	charger

están llamando al teléfono	¿dígame?
the phone's ringing	hello?
¿está Félix?	sí, soy yo/al aparato
can I speak to Félix?	yes, speaking
por favor, ¿podría hablar con Margarita Martínez?	
could I speak to Margarita Martínez, please?	
¿de parte de quién?	un momento, por favor
who's calling?	hold on, please
no hay respuesta	está comunicando
there's no answer	it's engaged

lo siento, no está sorry, he/she's not here	**nos quedamos sin cobertura** we got cut off

un momento, que te paso con él
one moment, I'll just put you through to him

¿quiere dejar algún recado? would you like to leave a message?	**¿puedes decirle que he llamado?** can you tell him/her I called?

perdone, me he equivocado de número
sorry, I've got the wrong number

me he quedado sin saldo I've run out of credit	**no hay cobertura aquí** I can't get a signal here
mándame un SMS esta noche text me tonight	**te envío mi dirección por SMS** I'll text you my address

he cambiado de compañía de móvil
I've changed my mobile service provider

Note

★ When answering the phone in Spanish, you say ¿diga? or ¿dígame? (asking the person to speak to you). When making a call, you start with ¿oiga? (asking them to listen to you).

★ Spanish people generally read out their phone numbers in pairs of digits:

403269
cuarenta, treinta y dos, sesenta y nueve

Unlike in English, the word 'double' is not used: for 44, for example, you would just say cuarenta y cuatro.

'0' is always pronounced cero (never 'oh' as in English).

See also section

39 COMPUTERS AND THE INTERNET.

guardar	to save
hacer clic	to click
eliminar	to delete
imprimir	to print
comprimir	to zip
descomprimir	to unzip
navegar por Internet	to browse the Internet
buscar	to search for
bajar	to download
descargar	to download
subir	to upload
enviar un e-mail/correo electrónico a	to e-mail *(person)*
enviar por e-mail/correo electrónico	to e-mail *(document)*
responder	to reply
pasar	to forward
piratear	to hack into
chatear	to chat
bloquearse	to crash
quedarse colgado	to freeze
en línea	online
fuera de línea	offline
inalámbrico	wireless

el ordenador	**the computer**
un ordenador portátil	laptop
una pantalla	screen
un monitor	monitor

una impresora	printer
un escáner	scanner
un programa	program
un ratón	mouse
una alfombrilla	mouse mat
un teclado	keyboard
una tecla	key
el intro	enter
la barra espaciadora	space bar
el cursor	cursor
una unidad de disco	(disk) drive
una carpeta	folder
un archivo	file
un fichero	file
un archivo adjunto	attachment
un disco	disk
un disco duro	hard disk
un disquete	floppy disk
un CD-ROM	CD-ROM
una llave de memoria	memory stick
el hardware	hardware
el software	software
un paquete de software	software package
el corrector ortográfico	spellchecker
una hoja de cálculo	spreadsheet
una tabla	table

e-mail y Internet — e-mail and the Internet

un e-mail	e-mail
un correo electrónico	e-mail
una dirección de e-mail/correo electrónico	e-mail address
una cuenta de e-mail/correo electrónico	e-mail account
la bandeja de entrada	inbox
la bandeja de salida	outbox
la papelera	trash

una arroba	at-sign
un punto	dot
un módem	modem
el ADSL	broadband
(la) Internet	Internet
un internauta	Internet user
un cibercafé	Internet café
la Web	the Web
un sitio web	website
una página web	webpage
una cámara web	webcam
un hiperenlace	hyperlink
la página de inicio	homepage *(initial page)*
una página personal	homepage *(personal page)*
un proveedor de acceso (a Internet)	access provider
un motor/una página de búsqueda	search engine
un buscador	browser
un marcador	bookmark
un favorito	bookmark
una visita	hit *(on Web site)*
un chat	chatroom
un foro	discussion group
un tablón de anuncios	message board
un panel de discusión	discussion board
un juego de ordenador	computer game
los juegos online	online gaming
una videoconsola	games console
un jugador	gamer
un pirata informático	hacker
el correo basura	spam
una persona que envía correo basura	spammer
un virus	virus

seleccione Imprimir del menú Archivo
select Print from the File menu

¿tienes ADSL en casa?
have you got broadband at home?

¿cuál es tu dirección de email? es lola, punto, p, arroba, wanadoo, punto, es
what's your e-mail address? – it's lola.p@wanadoo.es

tengo que revisar mi correo un momento
I just need to check my e-mail

¿puedes mandar el email con copia a mí?
can you copy me in to the e-mail?

le pasó el chiste a toda la clase
he forwarded the joke to the whole class

Inf **está obsesionado con los ordenadores**
he's a real computer geek

40 LOS SALUDOS Y LAS FORMULAS DE CORTESÍA

GREETINGS AND POLITE PHRASES

saludar	to greet
presentar	to introduce
dar las gracias a	to thank
dar la enhorabuena a	to congratulate
felicitar	to congratulate; to wish a happy birthday
dar el pésame	to offer one's condolences
desear	to wish
disculparse	to apologize
pedir disculpas	to apologize
pedir un favor a	to ask a favour of
¡hola!	hello!, hi!
¡adiós!	goodbye
buenos días	good morning
buenas tardes	good afternoon; good evening
buenas noches	good evening; good night; sleep well
encantado (de conocerle)	pleased to meet you
tanto gusto	how do you do
el gusto es mío	how do you do/my pleasure
¿cómo estás/está usted?	how are you?
¿qué hay?	how are things?
¡me alegro de verte!	nice to see you!
¡dichosos los ojos!	long time no see!
hasta pronto	see you soon
hasta luego	see you later

¡hasta la vista!	see you!
hasta mañana	see you tomorrow
¡que lo pases bien!	have a good time!
¡que te diviertas!	have fun!
¡que aproveche!	enjoy your meal!
¡buen provecho!	enjoy your meal!
¡buena suerte!	good luck!
¡buen viaje!	have a good trip!, safe journey!
bienvenido	welcome
¡perdón!	sorry!
¿perdón?	sorry? *(didn't hear)*
disculpe	excuse me, I'm sorry
¡cuidado!	watch out!
¡qué pena!	what a pity!
sí	yes
no	no
no, gracias	no thanks
por favor	please
gracias	thank you
muchas gracias	thank you very much
muchísimas gracias	thank you ever so much
de nada	not at all
no hay de qué	you're welcome
con mucho gusto	I'd/we'd love to, with great pleasure
como quieras	it's up to you
¡salud!	cheers!
¡Jesús!	bless you *(after sneezing)*
¡vale!	OK
de acuerdo	OK
¡no te preocupes!	don't worry
¡que te mejores!	get well soon!

días festivos — festivities

¡feliz Navidad!	merry Christmas!
¡feliz año nuevo!	happy New Year!

¡felices Pascuas y próspero año nuevo!
merry Christmas and a happy New Year

¡feliz cumpleaños!
happy birthday!

¡felicidades!
happy birthday!

¡que cumplas muchos más!
many happy returns!

¡(que sea) enhorabuena!
congratulations!

---

le presento a Don Mariano González
may I introduce Mr Mariano González?

le acompaño en el sentimiento
please accept my sympathy

te deseamos un feliz cumpleaños
we wish you a happy birthday

me da igual/lo mismo
I don't mind

lo siento (mucho)
I'm (terribly) sorry

por favor, ¿podría Vd. decirme...?
excuse me please, could you tell me...?

¿me haces el favor de pasar la sal?
could you please pass me the salt?

¡da recuerdos a tus hermanas!
give my regards to your sisters

Note

When meeting people in informal situations, you can greet them with ¡hola! at any time of day. If you want to be more polite, however, you should use buenos días in the morning and buenas tardes in the afternoon or evening. Buenas noches is used when going to bed, or when saying goodbye to someone in the evening. Informally, all of these can be abbreviated to ¡buenos! or ¡buenas!.

41 LAS VACACIONES
HOLIDAYS

ir(se) de vacaciones	to go on holiday
ir(se) de veraneo	to go on holiday *(in summer)*
veranear (en...)	to spend the summer holiday (in...)
estar de vacaciones	to be on holiday
reservar	to book
reservar a través de Internet	to book online
viajar	to travel
ir al extranjero	to go abroad
visitar	to visit
ir a ver	to visit, to go and see
ir a ver monumentos	to go sightseeing
ir de gira	to go on a tour
ir a la playa	to go to the beach
pasarlo bien	to enjoy oneself
disfrutar	to enjoy
pasarlo bomba	to have a great time
planificar	to plan
hacer las maletas	to pack one's suitcases
renovar el pasaporte	to renew one's passport
vacunarse	to be vaccinated
llevar	to take
olvidar	to forget
asegurar	to insure
pasar la aduana	to go through customs
registrar	to search
declarar	to declare
pasar de contrabando	to smuggle
el itinerario	itinerary
una reserva	booking

una reserva a través de Internet	online booking
el depósito	deposit
el equipaje	luggage
un bulto	piece of luggage
una maleta	suitcase
una bolsa de viaje	travel bag, holdall
una bolsa de deporte	sportsbag
una mochila	rucksack
una etiqueta	label
un billete	ticket
un seguro de viaje	travel insurance
los cheques de viaje	traveller's cheques
un pasaporte	passport
un carné de identidad	identity card
un visado	visa
la aduana	customs
un aduanero	customs officer
la frontera	border

el turismo — tourism

las vacaciones	holidays
un viaje	trip, journey
un viaje organizado	package tour
un viaje de larga distancia	long-haul trip
una vuelta al mundo	round-the-world trip
un descanso corto	short break
un descanso de fin de semana	weekend break
un viaje de aventuras	adventure holiday
unas vacaciones de verano	summer holiday
unas vacaciones de esquí	winter sports holiday
un crucero	cruise
una luna de miel	honeymoon
un(a) turista	tourist
un grupo (de turistas)	tour group
un visitante	visitor
un veraneante	holidaymaker *(in summer)*

un extranjero	foreigner
una oficina de Información y Turismo	tourist information centre
una oficina de turismo	tourist office
las atracciones	attractions
unos puntos turísticos	sights
los lugares de interés	places of interest
un lugar de veraneo	summer resort
un parque de recreo	amusement park
un folleto	brochure
un(a) guía	guide *(person)*
una guía turística	guide *(book)*
un manual de conversación	phrasebook
un mapa	map
un plano	street map
una visita	visit
una visita guiada	guided tour
una excursión de un día	day trip
una excursión en autocar	coach trip
una estancia	stay
la hospitalidad	hospitality
un consulado	consulate
una embajada	embassy
un recuerdo	souvenir
una postal	postcard

la España del turista — tourist Spain

la gaita (gallega)	(Galician) bagpipes
la guitarra española	Spanish guitar
las castañuelas	castanets
el flamenco	flamenco dancing and singing
el tablao flamenco	flamenco club
los toros	bullfighting
la capa española	Spanish cape
el sombrero andaluz	black hat worn by male flamenco dancer

el traje de flamenca	typical dress of flamenco dancer
la mantilla y la peineta	Spanish mantilla
el abanico	fan
don Quijote de la Mancha	don Quixote
la Alhambra de Granada	the Alhambra of Granada
el Museo del Prado	the Prado Museum
la Mezquita de Córdoba	the Mosque of Cordoba
el buen tiempo	good weather
las playas	beaches
una tumbona	deckchair
una piscina	swimming pool
una sombrilla	parasol
la paella	paella
el jerez	sherry
el porrón	glass wine jug with long spout
una naranja	orange

las costumbres

customs

el modo de vida	way of life
la cultura	culture
el tipismo	local colour
un pueblo típico	typical (Spanish) village
un traje típico	traditional costume
la artesanía	crafts
las especialidades	specialities
la cocina típica	traditional cooking
un plato típico	traditional dish
las tapas	tapas, bar snacks
el vino	wine
los bares	cafés (serving wine, beer, coffee, food etc)
la siesta	siesta, afternoon nap
las terrazas (de los cafés)	open-air cafés
las salidas de noche	night life
la animación	liveliness
un gitano	gipsy

un tuno	student minstrel
la tuna	traditional student singing group
las procesiones de Semana Santa	Holy Week processions
un penitente	hooded figure in religious procession

no te olvides de coger el plano de Madrid
don't forget to take your map of Madrid

nada que declarar
nothing to declare

¡viva España!
long live Spain!

¿tenemos que confirmar la reserva por escrito?
do we need to confirm our booking in writing?

Inf **lo pasamos genial en las vacaciones**
we had a fab time on holiday

Note

Note that 'to go on holiday' is translated as ir *de* vacaciones. The word vacaciones is always plural, unlike the English 'holiday'.

 ℋomework help

During my holidays I...	We went to...
Durante mis vacaciones, yo...	**Fuimos a...**
I went with...	We went by plane/car/train.
Fui con...	**Fuimos en avión/en coche/en tren.**

We stayed in a hotel/an apartment/a villa.
Nos quedamos en un hotel/un apartamento/una casa.

We visited...	I met...
Visitamos...	**Me encontré con...**

I went surfing/scuba diving.
Fui a hacer surf/submarinismo.

The hotel was lovely/a bit noisy.
El hotel era encantador/un poco ruidoso.

The food was really nice/not very good/unusual.
La comida estaba buenísima/no estaba muy buena/era bastante rara.

The weather was lovely/OK/awful.
Hizo muy buen tiempo/El tiempo no estuvo mal/Hizo un tiempo horrible.

The people were friendly/rude.   The best/worst bit was...
La gente era amable/desagradable.   **Lo mejor/peor fue que...**

I would/wouldn't go back there because...
Volvería/no volvería allí porque...

I would/wouldn't recommend it because...
Lo recomendaría/no lo recomendaría porque...

See also sections

**43 FLYING, 44 PUBLIC TRANSPORT, 45 AT THE HOTEL,
46 CAMPING, CARAVANNING AND YOUTH HOSTELS** *and*
47 AT THE SEASIDE.

reservar	to reserve, to book
sacar un billete	to buy a ticket
subir	to get on/in
bajar(se)	to get off
llevar retraso	to be late
chocar	to crash
descarrilar	to be derailed
retrasado	delayed, late
reservado	reserved
ocupado	taken, engaged
libre	free
no fumadores	non-smoking

la estación — the station

una estación (de ferrocarril)	railway station
la RENFE	Spanish railways
el ferrocarril	railway
la ventanilla	ticket office
la ventanilla/oficina de información	information office
los tablones (de información)	indicator board
el panel de salidas/llegadas	departures/arrivals board
la sala de espera	waiting room
el bar de la estación	station buffet
el equipaje	luggage
un carrito portaequipajes	luggage trolley
la consigna	left luggage
la consigna automática	left-luggage lockers

un(a) maquinista	train driver
un jefe de tren	guard
el revisor	ticket collector

el tren — the train

un tren de pasajeros	passenger train
un tren de mercancías	goods train
un tren directo	direct train
un tren suplementario	relief train
un tren rápido	express/Intercity train
un expreso	fast train
un tren tranvía	stopping train, slow train
un tren de cercanías	local train, commuter train
un tren nocturno	night train
el AVE	Spanish high speed train
el Eurostar	Eurostar

una locomotora	engine
un vagón	coach
un coche-cama	sleeper
un vagón/coche restaurante	dining car
la cabeza del tren	front of the train
los vagones de cola	rear of the train
un vagón de literas	sleeping car
el furgón de equipajes	luggage van
un compartimento	compartment
el retrete	toilet
el servicio	toilet
el lavabo	wash basin
la portezuela	door
la ventanilla	window
el asiento	seat
el portaequipajes	luggage rack
el cordón de seguridad	communication cord
la alarma	alarm

el viaje

	the journey
el pasajero	passenger
el andén	platform
la vía	track
la red de ferrocarril	rail network
un paso a nivel	level crossing
un túnel	tunnel
una parada	stop
la llegada	arrival
la salida	departure
el enlace	connection

los billetes

	tickets
un billete	ticket
un medio billete	half(-price ticket)
la tarifa reducida	reduced rate
la tarifa normal	standard rate
un billete de ida	single (ticket)
un billete de ida y vuelta	return (ticket)
la primera (clase)	first class
la segunda (clase)	second class
una reserva de asiento	seat reservation
un pase de temporada	season ticket
una reserva	booking, reservation
un horario	timetable
la hora punta	peak time
la hora valle	off-peak time
los días festivos	public holidays
los días laborables	weekdays
los días azules	days when rail travel is cheaper

fuimos en (el) tren
we went by train

estoy en el tren
I'm on the train

¿a qué hora sale el próximo/último tren para León?
when is the next/last train for León?

el tren procedente de Madrid llegará con 20 minutos de retraso
the train arriving from Madrid is 20 minutes late

el tren procedente de Madrid y con destino a Alicante
the train from Madrid to Alicante

este tren hace paradas en...
this train calls at...

no se acerquen a las puertas
stand clear of the doors

hay que hacer transbordo en Medina del Campo
change at Medina del Campo

¿está libre este asiento?
is this seat free?

¿tengo que cambiar de tren?
do I have to change?

el tren va a su hora
the train is running on time

el tren no llegó puntual
the train wasn't on time

por poco pierdo el enlace
I nearly missed my connection

llegué allí justo a tiempo
I got there just in time

vino a esperarme a la estación
he/she came and picked me up at the station

fueron a acompañarme a la estación
they took me to the station

See also section

44 PUBLIC TRANSPORT.

43 EL AVIÓN
FLYING

aterrizar	to land
despegar	to take off
volar	to fly
facturar el equipaje	to check in
facturar por Internet	to check in online
pasar por los controles de seguridad	to go through security

en el aeropuerto — at the airport

el aeropuerto	airport
la terminal	terminal
la pista de aterrizaje	runway
el personal de tierra	ground staff
el control del tráfico aéreo	air-traffic control
una compañía aérea	airline
una línea aérea de bajo coste	budget airline
Información (f)	information (service)
el pasaje	plane ticket
la facturación de equipajes	check-in
la facturación automática	self check-in
un billete	ticket
un billete electrónico	e-ticket
una tarjeta de embarque	boarding pass
un suplemento	supplement
el exceso de equipaje	excess baggage
el equipaje de mano	hand luggage
el equipaje de cabina	cabin baggage
el control de pasaportes	passport control
el control de seguridad	security control
la tienda libre de impuestos	duty-free shop
los productos libres de impuestos	duty-free (goods)
una sala de embarque	departure lounge

una sala business	business lounge
la puerta de embarque	gate
una sala de llegadas	arrivals hall
la recogida de equipajes	baggage claim
una cinta de equipajes	baggage carousel
el alquiler de coches	car hire

a bordo — on board

un avión	plane
un jumbo-jet	jumbo jet
un (vuelo) chárter	charter flight
el ala (f)	wing
la hélice	propeller
el morro	nose
la cola	tail
la ventanilla	window
la clase turista/business	economy/business class
un asiento	seat
el cinturón de seguridad	seat belt
los compartimientos superiores	overhead lockers
una máscara de oxígeno	oxygen mask
un chaleco salvavidas	life jacket
la salida de emergencia/socorro	emergency exit
los procedimientos de seguridad	safety procedures
una revista/película para ver en el avión	inflight magazine/movie
el vuelo	flight
un vuelo nacional	domestic flight
un vuelo internacional	international flight
un vuelo de larga/corta distancia	long-haul/short-haul flight
la altura	altitude
una turbulencia	turbulence
el despegue	take-off
la llegada	arrival
el aterrizaje	landing
un aterrizaje forzoso	emergency landing

una escala	stop-over
el retraso	delay
el piloto	pilot
el capitán de vuelo	captain
la tripulación	crew
el personal de cabina	cabin crew
un(a) auxiliar	flight attendant
una azafata	stewardess
un pasajero	passenger
cancelado	cancelled
retrasado	delayed

el embarque empieza a las 2:45
boarding starts at 2.45

lleva 10kg de exceso de equipaje
your luggage is 10kg overweight

¿quiere asiento de ventanilla o de pasillo?
would you like a window or an aisle seat?

¿ha hecho usted mismo todas sus maletas?
did you pack all your bags yourself?

última llamada para el vuelo AB222 con destino a Manchester
last call for flight AB222 to Manchester

abróchense los cinturones de seguridad
fasten your seat belt

Note

Most Spanish words borrowed from English keep their English
plural forms, eg:

el jet – los jets   el chárter – los chárters

However, some that were absorbed into the language a long
time ago have taken on Spanish plurals, eg:

el bar – los bares   el eslogan – los eslóganes

PUBLIC TRANSPORT

coger	to catch
tomar	to take
bajar(se) de	to get off
apearse de	to get off
subir a	to get on
esperar	to wait (for)
llegar	to arrive
cambiar	to change
parar(se)	to stop
perder	to miss
un autobús	bus
un autobús articulado	bendy bus
un autobús de dos plantas	double-decker bus
un autocar	coach
un coche de línea	intercity bus, coach
un autobús lanzadera	shuttle
un tranvía	tram
un tren subterráneo	underground train
un taxi	taxi
el conductor	driver
el cobrador	ticket inspector
un taxista	taxi-driver
un pasajero	passenger
un viajero	passenger
el metro	underground, subway
una boca de metro	underground station
una estación de metro	underground station

una estación de autobuses	bus station
una parada de autobús	bus stop
el despacho de billetes	booking office
el despachador automático	ticket machine
la sala de espera	waiting room
Información (f)	enquiries
la salida	exit
una red	network
un mapa de recorrido	network map
un plano del metro	underground map
la línea	line
el recorrido	journey
la dirección	direction
un billete	ticket
un importe del billete	fare
una tarjeta de transporte público	travel card
un bonobús	bus season ticket
la tarifa normal	standard rate
las tarifas especiales	reduced rate
la tarifa especial estudiante	student reduced rate
un suplemento	excess fare
en horas punta	at peak time, in the rush hour
fuera de horas punta	in off-peak hours

---

van al colegio en autobús
they go to school by bus

estoy en el autobús
I'm on the bus

¡súbete al autobús!
get on the bus!

bájate en el Ayuntamiento
get off at the town hall

está a dos paradas de aquí
it's two stops from here

See also section

42 RAILWAYS *and* **43 FLYING**.

reservar habitación	to book a room
alojarse	to stay
hospedarse	to stay
llegar al hotel	to check in
dejar el hotel	to check out
pagar los gastos	to pay one's bill
pedir el servicio de habitaciones	to order room service
quejarse	to complain
confortable	comfortable
completo	no vacancies
cerrado	closed
incluido	included
todo incluido	all-inclusive
con cocina propia	self-catering

el hotel
the hotel

un hotel (de dos/cuatro estrellas)	(two-/four-star) hotel
un establecimiento hotelero	hotel
un parador	tourist hotel *(government-owned)*
un hostal	small hotel, guest house
una pensión	guest house
un motel	motel
un apartamento	apartment
una casa	villa
una casita	cottage
la temporada alta	high season
la temporada baja	low season
la media pensión	half board

la pensión completa	full board
la estancia	stay
una reclamación	complaint
una queja	complaint
una reserva	booking
una propina	tip
la cuenta	bill
el servicio	service
el servicio de habitaciones	room service
la llamada despertador	wake-up call
el desayuno	breakfast
el desayuno buffet	breakfast buffet
el almuerzo	lunch
la cena	dinner
la recepción	reception
la entrada	lobby
la conserjería	porter's desk
el restaurante	restaurant, dining room
el comedor	dining room
el bar	bar
la cafetería	cafeteria
el aparcamiento	carpark
el parking	carpark
un ascensor	lift
el salón	lounge
la sala de la TV	TV room
la piscina	swimming pool
la salida de incendios	fire exit
un huésped	guest
un cliente	client
el director	manager
el recepcionista	receptionist
el conserje	porter
una camarera de habitaciones	chambermaid

un botones	bellboy
un mozo de equipajes	porter, doorman
un camarero	waiter

las habitaciones — the rooms

una habitación individual	single room
una habitación doble	double room
una habitación de dos camas	twin room
una habitación familiar	family room
una suite	suite
una cama	bed
una cama doble/de matrimonio	double bed
una cuna	cot
la ropa de cama	bedding
unas toallas	towels

un cuarto de baño	bathroom
una ducha	shower
un lavabo	washbasin
el agua caliente *(f)*	hot water
la calefacción (central)	(central) heating
el aire acondicionado	air conditioning
una caja fuerte	safety deposit box
un minibar	minibar
un balcón	balcony
la vista	view
una llave	key
una tarjeta llave	keycard

¿tienen habitación/habitaciones?
have you got any vacancies?

quiero una habitación con baño/con vistas al mar
I'd like a room with an ensuite bathroom/with a sea view

¿está incluido el desayuno?
is breakfast included?

hay que dejar el hotel a las 12
check-out time is midday

---

el baño está justo al final del hall
the bathroom is just down the hall

estamos en la (habitación número) 7
we are in room number 7

no molestar
do not disturb

¿la llave para la habitación 12, por favor?
the key for room 12, please

¿nos prepara la cuenta, por favor?
could we pay the bill, please?

¿puedo dejar mi bolsa en algún sitio?
is there somewhere I can leave my bag?

¿nos puede traer una manta más, por favor?
could we have an extra blanket, please?

Inf **nos quedamos en un hotel de superlujo**
we stayed in a really posh hotel

46 El Camping y Los Albergues De Juventud

Camping, caravanning and youth hostels

acampar	to camp
ir de acampada	to go camping
ir de camping	to go camping
hacer camping	to camp, to go camping
salir de vacaciones en la rulot	to go caravanning
hacer auto-stop	to hitch-hike
armar la tienda	to pitch the tent
desmontar la tienda	to take down the tent
dormir al sereno	to sleep out in the open
un campista	camper
un camping	campsite
las duchas	showers
los servicios	toilets
el agua potable *(f)*	drinking water
un cubo de basura	(rubbish) bin
una tienda	tent
el doble techo	fly sheet
el suelo de la tienda	ground sheet
una claveta	peg
una cuerda	rope
una colchoneta inflable	airbed
un saco de dormir	sleeping bag
una hoguera	fire

una hoguera de campamento	campfire
una barbacoa	barbecue
un camping-gas®	camping stove
el gas butano	Calorgas®
una bombona (de butano)	(Calorgas®) bottle/canister
una navaja	pocket knife, penknife
un cazo	saucepan
una linterna	torch
un mosquito	mosquito
una zona de juegos	play area
un club infantil	kids' club
un animador	activity leader
el caravaning	caravanning
un terreno para caravanas	caravan site
una rulot	caravan
una caravana	caravan
una furgoneta de camping	camper van
un combi	camper van
un remolque	trailer
un albergue juvenil	youth hostel
un dormitorio	dormitory
un salón privado	private room
un compañero de habitación	roommate
un saco de dormir	sleeping bag
la tarjeta de miembro	membership card
una cafetería	canteen
una cocina	kitchen
una sala de juegos	games room
el toque de queda	curfew
una mochila	rucksack
un mochilero	backpacker
el auto-stop	hitch-hiking
una casa en el campo	chalet
un refugio de montaña	mountain refuge

quiero una plaza para una tienda para dos días
I'd like a space for one tent for two days

¿dónde podemos aparcar nuestra caravana?
where can we park our caravan?

¿se puede acampar aquí?
may we camp here?

prohibido acampar
no camping

agua potable
drinking water

las sábanas están incluidas
sheets are included

Inf **el albergue juvenil era una mierda, pero mis compañeros de habitación eran guays**
the youth hostel was a dump but my roommates were cool

Note

★ *False friends:* the Spanish word **un hostal** does not mean 'youth hostel', but refers to a small, reasonably-priced B&B or guesthouse. Also, **un chalé** is most often a detached house or country cottage, rather than a wooden ski chalet.

★ 'To go camping' is translated in Spanish as **ir de camping**. This structure of **ir + de + noun** is common in Spanish:

| **ir de viaje** | **ir de compras** | **ir de copas** |
| to go on a trip, to travel | to go shopping | to go for a few drinks |

47 A ORILLAS DEL MAR

AT THE SEASIDE

bañarse	to swim, to go for a swim
nadar	to swim
flotar	to float
chapotear	to splash about
bucear	to (scuba) dive
hacer esnórquel	to go snorkelling
hacer submarinismo	to go scuba diving
hacer surf	to go surfing
hacer windsurf	to go windsurfing
hacer esquí acuático	to go waterskiing
hacer esquí acuático con paracaídas	to go parascending
ahogarse	to drown
hacer excavaciones	to dig
ponerse moreno	to tan
tomar el sol	to sunbathe
quemarse	to get sunburnt
coger una insolación	to get sunstroke
pelarse	to peel
embarcar(se)	to embark, to go on board
remar	to row
marearse	to be seasick
zozobrar	to capsize
hundirse	to sink
desembarcar	to disembark
a la sombra	in the shade
al sol	in the sun
a bordo	on board

el mar	sea
la playa	beach
una caseta	beach hut, cabin
una roca	rock
una piscina de rocas	rock pool
una ola	wave
la sal	salt
la arena	sand
la duna	sand dune
los guijarros	pebbles, shingle
la marea	tide
la marea alta/baja	high/low tide
un malecón	sea wall
el fondo del mar	seabed
la costa	coast
el puerto	harbour
el muelle	quay
un puerto deportivo	marina
el embarcadero	pier, jetty
la esplanada	esplanade
el paseo marítimo	seafront
un acantilado	cliff
un faro	lighthouse
una feria	funfair
un capitán	captain
un marinero	sailor
un(a) bañista	bather, swimmer
un(a) surfista	surfer
un(a) windsurfista	windsurfer
un castillo de arena	sandcastle
una palmera	palm tree
una concha	shell
un pez	fish
un cangrejo	crab

un mejillón	mussel
una estrella de mar	starfish
una medusa	jellyfish
un erizo de mar	sea urchin
un tiburón	shark
un delfín	dolphin
una gaviota	seagull

los barcos
boats

un barco	ship, boat, ferry
una barca	small boat, rowing boat
un velero	sailing boat
un yate	yacht
un transatlántico	liner
un crucero	cruise ship
una lancha	dinghy
una lancha neumática	rubber dinghy
un pedal (de agua)	pedalo
un remo	oar
la vela	sail; sailing
un ancla *(f)*	anchor
un naufragio	wreck
un viaje en barco	boat trip

los artículos de playa
things for the beach

un traje de baño	swimsuit/trunks
un bikini	bikini
unas chanclas	flip-flops
un pareo	sarong
unas gafas de bucear	goggles
un tubo de respirar	snorkel
unas aletas	flippers
una tabla de surf	surfboard
un flotador	rubber ring
una colchoneta inflable	Lilo®, air mattress
una tumbona	sun lounger, deckchair

una sombrilla	parasol
un cortavientos	windbreak
un sombrero para el sol	sunhat
unas gafas de sol	sunglasses
un bronceador	suntan lotion
un aftersun	aftersun
una pala	spade
un rastrillo	rake
un cubo	bucket
un picnic	picnic
un chiringuito	beach bar
el agua potable	drinking water

---

no sé nadar
I can't swim

no hago pie
I can't touch the bottom

¡qué buena está el agua!
the water's lovely!

prohibido bañarse
no bathing

¡ay! me ha picado una medusa
ouch! I've been stung by a jellyfish

¿me puedes poner crema solar en la espalda?
can you put some suncream on my back?

Inf **está más rojo que una gamba**
he's as red as a lobster

Inf **¡hace un calor de morirse!**
it's a real scorcher!

48 LOS TÉRMINOS GEOGRÁFICOS

GEOGRAPHICAL TERMS

un continente	continent
un país	country
una región	area, region
una provincia	district
una ciudad	town, city
un pueblo	village
una capital	capital city
una montaña	mountain
una cordillera	mountain range
una colina	hill
una cumbre	summit, peak
un valle	valley
un puerto de montaña	pass
un bosque	forest
la selva	jungle
la selva tropical	rainforest
un desierto	desert
una llanura	plain
una meseta	plateau
un volcán	volcano
un glaciar	glacier
una cueva	cave
una estalactita	stalactite
una estalagmita	stalagmite

el mar	sea
el océano	ocean
un lago	lake
un río	river
un arroyo	stream
un canal	canal
un manantial	spring
la costa	coast
una isla	island
una península	peninsula
una bahía	bay
un estuario	estuary
un cabo	cape
un golfo	gulf
la latitud	latitude
la longitud	longitude
la altura	altitude
la profundidad	depth
la superficie	area
la población	population
el mundo	world
el universo	universe
el polo Norte	North Pole
el polo Sur	South Pole
los trópicos	Tropics
el ecuador	equator
la tierra	earth
el sol	sun
la luna	moon
un planeta	planet
el sistema solar	solar system
Mercurio	Mercury

Venus	Venus
La Tierra	Earth
Marte	Mars
Júpiter	Jupiter
Saturno	Saturn
Urano	Uranus
Neptuno	Neptune
Plutón	Pluto
una estrella	star
una constelación	constellation
la Vía Láctea	Milky Way
una estrella fugaz	shooting star
un cometa	comet

¿cuál es la montaña más alta de Europa?
what is the highest mountain in Europe?

los Países Bajos son un país llano **la Tierra se mueve alrededor**
the Netherlands is a flat country **del Sol**
the Earth moves around the Sun

See also sections

49 COUNTRIES *and* **50 NATIONALITIES.**

49 LOS PAÍSES, LOS CONTINENTES ETC

COUNTRIES, CONTINENTS ETC

los países	countries
Afganistán	Afghanistan
Alemania	Germany
Arabia Saudí	Saudi Arabia
Argelia	Algeria
Argentina	Argentina
Australia	Australia
Austria	Austria
Bélgica	Belgium
Bolivia	Bolivia
Brasil	Brazil
Canadá *(m)*	Canada
Chile	Chile
Chipre	Cyprus
China	China
Colombia	Colombia
Costa Rica	Costa Rica
Cuba	Cuba
Dinamarca	Denmark
Ecuador	Ecuador
Egipto	Egypt
El Salvador	El Salvador
Escocia	Scotland
Eslovaquia	Slovakia
Eslovenia	Slovenia
España	Spain
Estados Unidos	United States
Finlandia	Finland

Francia	France
Gran Bretaña	Great Britain
Grecia	Greece
Guatemala	Guatemala
Holanda	Holland
Honduras	Honduras
Hong Kong	Hong Kong
Hungría	Hungary
la India	India
Indonesia	Indonesia
Inglaterra	England
Irak	Iraq
Irán	Iran
Irlanda del Norte	Northern Ireland
Israel	Israel
Italia	Italy
Japón	Japan
Líbano	Lebanon
Libia	Libya
Luxemburgo	Luxembourg
Malta	Malta
Marruecos	Morocco
México	Mexico
Nicaragua	Nicaragua
Noruega	Norway
los Países Bajos	Netherlands
el País de Gales	Wales
Palestina	Palestine
Panamá *(m)*	Panama
Paquistán	Pakistan
Paraguay	Paraguay
Perú	Peru
Polonia	Poland
Portugal	Portugal
el Reino Unido	United Kingdom
la República Checa	Czech Republic
la República Dominicana	Dominican Republic

Rusia	Russia
Singapur	Singapore
Siria	Syria
Sudáfrica	South Africa
Suecia	Sweden
Suiza	Switzerland
Tailandia	Thailand
Túnez	Tunisia
Turquía	Turkey
Ucrania	Ukraine
Uruguay	Uruguay
Venezuela	Venezuela

los continentes / continents

África	Africa
América	America
América del Norte	North America
América del Sur	South America
la Antártida	Antarctica
Asia	Asia
Europa	Europe
Oceanía	Australasia

las ciudades / cities

Amsterdam	Amsterdam
Atenas	Athens
Barcelona	Barcelona
Belfast	Belfast
Berlín	Berlin
Bruselas	Brussels
Cardiff	Cardiff
Copenhague	Copenhagen
Dublín	Dublin
Edimburgo	Edinburgh
El Cairo	Cairo
Estocolmo	Stockholm
Ginebra	Geneva
Helsinki	Helsinki

Lisboa	Lisbon
Londres	London
Luxemburgo	Luxembourg
Madrid	Madrid
Moscú	Moscow
Nueva York	New York
Oslo	Oslo
París	Paris
Pekín	Beijing
Praga	Prague
Roma	Rome
Sevilla	Seville
Shanghai	Shanghai
Tallin	Tallinn
Tokio	Tokyo
Viena	Vienna
Varsovia	Warsaw

las zonas, regiones etc — regions etc

el Tercer Mundo	the Third World
el mundo en (vías de) desarrollo	the developing world
el mundo angloparlante/ hispanohablante	the English-/Spanish-speaking world
Europa occidental/oriental/central	Western/Eastern/Central Europe
Oriente	the East
Oriente Medio	the Middle East
el Golfo	the Gulf
el Extremo Oriente	the Far East
Occidente	the West
Escandinavia	Scandinavia
los Balcanes	the Balkans
el Magreb	North Africa
Andalucía	Andalusia
Castilla	Castille
Cataluña	Catalonia
Galicia	Galicia

el País Vasco	the Basque country
Cornualles	Cornwall
la región de los Lagos	the Lake District

los mares, ríos y montañas — seas, rivers and mountains

el Mediterráneo	the Mediterranean
el Mar del Norte	the North Sea
el Atlántico	the Atlantic
el Pacífico	the Pacific
el Océano Índico	the Indian Ocean
el Océano Ártico	the Arctic Ocean
el Estrecho de Gibraltar	the Strait(s) of Gibraltar
el Golfo de Vizcaya	the Bay of Biscay
el Canal de la Mancha	the (English) Channel
el Tajo	the Tagus
el Támesis	the Thames
los Alpes	the Alps
los Andes	the Andes
el Himalaya	the Himalayas
los Pirineos	the Pyrenees

las islas — islands

las Antillas	the West Indies
las Bahamas	the Bahamas
las Baleares	the Balearics
las Barbados	Barbados
las Islas Baleares	the Balearics
las Bermudas	Bermuda
las Canarias	the Canary Islands
Cerdeña	Sardinia
Corfú	Corfu
Creta	Crete
Fiji	Fiji
Filipinas	the Philippines
las Hébridas	the Hebrides
las Islas Feroe	the Faroe Isalnds
las Islas Malvinas	the Falkland Islands
las Islas Shetland	the Shetlands

las Islas Vírgenes	the Virgin Islands
Jamaica	Jamaica
Madagascar	Madagascar
las Maldivas	the Maldives
Mauricio	Mauritius
las Órcadas	the Orkneys
Puerto Rico	Puerto Rico
las Seychelles	the Seychelles
Sicilia	Sicily
Trinidad y Tobago	Trinidad and Tobago

la Grecia antigua Ancient Greece	**un pais en (vías de) desarrollo** a developing country
el Canadá de habla inglesa/francesa English-/French-speaking Canada	**soy de Zamora** I come from Zamora

Note

★ All countries in Spanish are either masculine or feminine. However, most of them do not require an article, eg Francia, España. The only country that is always preceded by a definite article is la India. The following countries can be found with or without an article: (el) Brasil, (el) Canadá, (los) Estados Unidos, (el) Perú.

★ Because the Spanish words el río and el monte are masculine, the names of rivers and mountains are all masculine too:

el **Sena**
the Seine

los **Pirineos son menos altos que** los **Alpes**
the Pyrenees are not as high as the Alps

See also section

50 NATIONALITIES.

países	**countries**
extranjero	foreign
un español	Spaniard
un inglés	Englishman
una inglesa	Englishwoman
los británicos	the British
los americanos	the Americans
afgano	Afghan
alemán	German
americano	American
argelino	Algerian
argentino	Argentinian
australiano	Australian
austríaco	Austrian
belga *(m/f)*	Belgian
boliviano	Bolivian
brasileño	Brazilian
británico	British
canadiense	Canadian
checo	Czech
chileno	Chilean
chino	Chinese
chipriota *(m/f)*	Cypriot
colombiano	Colombian
costarricense	Costa Rican
cubano	Cuban
danés	Danish
dominicano	Dominican
ecuatoriano	Ecuadorean

egipcio	Egyptian
escocés	Scottish
eslovaco	Slovakian
esloveno	Slovene
español	Spanish
finlandés	Finnish
francés	French
galés	Welsh
griego	Greek
guatemalteco	Guatemalan
holandés	Dutch
hondureño	Honduran
húngaro	Hungarian
indio	Indian
indonesio	Indonesian
inglés	English
irlandés	Irish
iraní	Iranian
iraquí	Iraqi
israelita *(m/f)*	Israeli
italiano	Italian
japonés	Japanese
libanés	Lebanese
libio	Libyan
maltés	Maltese
marroquí	Moroccan
mexicano	Mexican
nicaragüense	Nicaraguan
noruego	Norwegian
palestino	Palestinian
panameño	Panamanian
paquistaní	Pakistani
paraguayo	Paraguayan
peruano	Peruvian
polaco	Polish
portugués	Portuguese
ruso	Russian

salvadoreño	Salvadoran
saudí	Saudi Arabian
sudafricano	South African
sueco	Swedish
suizo	Swiss
tailandés	Thai
tunecino	Tunisian
turco	Turkish
ucraniano	Ukrainian
uruguayo	Uruguayan
venezolano	Venezuelan

regiones, ciudades etc — areas, cities etc

oriental	Oriental
occidental	Western
africano	African
asiático	Asian
europeo	European
árabe	Arab, Arabian
escandinavo	Scandinavian
gallego	Galician
vasco	Basque
castellano	Castilian
catalán	Catalan
andaluz	Andalusian
extremeño	from Extremadura
asturiano	Asturian
aragonés	Aragonese
madrileño	from Madrid
londinense	from London

me gusta la comida española
I like Spanish food

los españoles beben mucho vino tinto
the Spaniards drink a lot of red wine

Note

Note that adjectives and nouns of nationality do not have capital letters in Spanish:

soy inglesa
I'm English

nos encontramos con unos españoles en el tren
we met some Spaniards on the train

Remember to use the correct ending:

un chico alemán	**una chica alemana**	**unos niños alemanes**
un irlandés	**una irlandesa**	**unos irlandeses**

Sometimes groups that are singular in English can be either singular or plural in Spanish, eg:

el talibán/los talibanes
the Taliban

See also section

51 LANGUAGES.

51 LAS LENGUAS
LANGUAGES

estudiar	to study
aprender	to learn
memorizar	to memorise
practicar	to practise
entender	to understand
comprender	to understand
escribir	to write; to spell
leer	to read
hablar	to speak
chapurrear	to speak *(a language)* badly
defenderse	to get by *(in a language)*
corregir	to correct
repetir	to repeat
traducir	to translate
consultar	to look up
significar	to mean
ser bilingüe	to be bilingual
el vocabulario	vocabulary
la gramática	grammar
la ortografía	spelling
la traducción	translation
la pronunciación	pronunciation
el acento	accent
un profesor de idiomas	language teacher
un lector de idiomas	language assistant
un laboratorio de idiomas	language laboratory
un diccionario (bilingüe/ monolingüe)	(bilingual/monolingual) dictionary

un diccionario de sinónimos	thesaurus
un traductor automático	electronic translator
una lengua	language
un idioma	language
un dialecto	dialect
el argot	slang
el caló	Spanish gypsy slang
la lengua materna	native language
una lengua extranjera	foreign language
las lenguas modernas	modern languages
el español	Spanish
el castellano	Spanish, Castilian
el catalán	Catalan
el vasco	Basque
el gallego	Galician
el alemán	German
el árabe	Arabic
el chino	Chinese
el danés	Danish
el finlandés	Finnish
el francés	French
el gaélico	Gaelic
el griego clásico	classical Greek
el griego (moderno)	(modern) Greek
el hebreo	Hebrew
el húngaro	Hungarian
el inglés	English
el italiano	Italian
el japonés	Japanese
el latín	Latin
el neerlandés	Dutch
el noruego	Norwegian
el polaco	Polish
el portugués	Portuguese

el ruso	Russian
el sueco	Swedish
el turco	Turkish

---

no entiendo
I don't understand

habla muy bien el español
she/he speaks good Spanish

¿puedes hablar más despacio, por favor?
could you speak more slowly, please?

por favor, ¿puedes repetir?
could you repeat that, please?

a Javi se le dan bien los idiomas
Javi is good at languages

¿cómo se escribe?
how do you spell it?

consúltalo en el diccionario
look it up in the dictionary

Inf **¡apenas sé hilvanar dos palabras seguidas!**
I can hardly string two words together!

See also section

50 NATIONALITIES.

52 LOS INCIDENTES

INCIDENTS

suceder	to happen
pasar	to happen
ocurrir	to occur
encontrarse (con/a)	to meet
coincidir	to coincide
tirar	to spill, to knock over
caerse	to fall
estropear	to spoil
romper	to break
provocar	to cause
tener cuidado	to be careful
olvidar	to forget
perder	to lose
buscar	to look for
encontrar	to find
perderse	to get lost
desorientarse	to lose one's way
afortunado	fortunate, lucky
desafortunado	unfortunate
distraído	absent-minded
despistado	absent-minded
olvidadizo	forgetful
torpe	clumsy
descuidado	careless
inesperado	unexpected
por casualidad	by chance
por descuido	inadvertently
por suerte	luckily, fortunately
por desgracia	unfortunately

una casualidad	coincidence
una coincidencia	coincidence
una sorpresa	surprise
un encuentro	meeting, encounter
una oportunidad	opportunity
el azar	chance; luck
la buena/mala suerte	good/bad luck
el destino	fate
un despiste	slip, mistake
una caída	fall
una pérdida	loss
la oficina de objetos perdidos	lost-property office
una gratificación	reward *(for finding something)*

---

lo siento, se me olvidó
sorry, it slipped my mind

se te ha caído un libro
you've dropped a book

se cayó
he/she fell over

me caí por las escaleras
I fell down the stairs

¡ojo!
look out!

¡(ten) cuidado!
be careful!

¡qué casualidad!
what a coincidence!

¡qué pena!
what a pity!

¡qué suerte tienes!
you're so lucky!

Inf **¡vaya mala suerte!**
what rotten luck!

 Homework help

One day, I...
Un día, yo...

Once I was in town/at the beach and...
Una vez, estaba yo en el centro/en la playa y...

Once when I was walking home/playing football...
Una vez, yendo camino de casa/jugando al fútbol...

A few weeks/years ago...
Hace unas cuantas semanas/unos cuantos años...

Last year...
El año pasado...

And then...
Y luego...

After that...
Después de eso...

Suddenly...
De pronto...

Soon...
Pronto...

Later...
Más tarde...

Afterwards...
Después...

Finally...
Finalmente...

what happened was that...
Lo que pasó es que...

53 Los Accidentes
ACCIDENTS

tener un accidente	to have an accident
quedar atrapado	to be trapped
estar conmocionado	to be in shock
perder el conocimiento	to lose consciousness
estar en coma	to be in a coma
recobrar el conocimiento	to come round
derribar	to wreck, to demolish
destruir	to destroy
resbalar	to slip
caerse (de)	to fall (from)
caerse por la ventana	to fall out of the window
recibir una descarga eléctrica	to get an electric shock
electrocutarse	to electrocute oneself
prenderse fuego	to catch fire
quemarse	to burn oneself
cortarse	to cut oneself
ahogarse	to drown
asfixiarse	to suffocate
escapar	to escape
rescatar	to rescue
llamar a los servicios de urgencias	to call the emergency services
presenciar	to witness
socorrer	to help
conservar la calma	to keep calm
investigar	to investigate
indemnizar	to compensate
borracho	drunk
en estado de embriaguez	under the influence of alcohol
herido	injured

muerto	dead
grave	serious
mortal	fatal
leve	minor
asegurado	insured

los accidentes de tráfico — road accidents

circular	to go *(car)*
conducir	to drive
no respetar la prioridad	not to give way
saltarse un semáforo	to go through a red light
saltarse un stop	to ignore a stop sign
derrapar	to skid
perder el control de	to lose control of
dar una vuelta de campana	to somersault
golpear	to hit
estrellarse contra	to run into
chocar con	to run into
atropellar	to run over

un accidente	accident
un accidente de coche	car accident
un accidente de tráfico	road accident
un accidente de moto	motorbike accident
una colisión	crash
un atropello con fuga	hit-and-run
el código de circulación	Highway Code
un accidente en cadena	pile-up
el arcén	hard shoulder
un choque	impact
un airbag	airbag

el exceso de velocidad	speeding
la falta de visibilidad	poor visibility
la niebla	fog
la lluvia	rain
el hielo	black ice

un precipicio	cliff, precipice
un prueba de alcoholemia	breath test
el alcoholímetro	Breathalyzer®

otros accidentes
other accidents

un accidente de trabajo	industrial accident
un accidente de montaña	mountaineering accident
una caída	fall
una descarga eléctrica	electric shock
una explosión	explosion

las víctimas
casualties

un herido	injured person
un herido grave	seriously injured person
un muerto	dead person
una víctima	victim
un superviviente	survivor
un(a) testigo	witness

una conmoción cerebral	concussion
una herida	injury
una quemadura	burn
una hemorragia	loss of blood

el socorro
help

los servicios de socorro	emergency services
los primeros auxilios	first aid
un paramédico, una paramédica	paramedic
un médico	doctor
una ambulancia	ambulance
una camilla	stretcher; trolley
un botiquín	first-aid kit
la respiración artificial	artificial respiration
el boca a boca	kiss of life
el oxígeno	oxygen

los bomberos	fire brigade
un coche de bomberos	fire engine

un extintor de incendios	fire extinguisher
una manguera	hose
la policía	police
un coche de policía	police car
la grúa	breakdown vehicle

las consecuencias — the consequences

los daños	damage
una investigación	investigation
el atestado	report
la multa	fine
un juzgado	court
el juicio	trial
la sentencia	sentence
la retirada del permiso de conducir	loss of driving licence
el seguro	insurance
la responsabilidad	responsibility
los daños y perjuicios	damages
una compensación	compensation

¡socorro!
help!

va a buscar ayuda
go and get help

llama a una ambulancia
call an ambulance

presencié el choque
I witnessed the crash

la atropelló una moto
she got run over by a motorbike

el coche quedó para la chatarra
the car was a write-off

le pusieron una multa por conducir en estado de embriaguez
he/she got fined for drink-driving

le retiraron el permiso de conducir
he/she lost his/her driving licence

See also sections

6 HEALTH ILLNESSES AND DISABILITIES, 26 CARS, 30 WHAT'S THE WEATHER LIKE? *and* **54 DISASTERS.**

54 LOS DESASTRES

DISASTERS

atacar	to attack
defender	to defend
hundirse	to collapse *(buildings etc)*
desplomarse	to collapse *(buildings etc)*
morir de hambre	to starve
entrar en erupción	to erupt
estallar	to explode
temblar	to shake
asfixiar(se)	to suffocate
atragantarse	to choke
quemar	to burn
extinguir (un incendio)	to extinguish (a fire)
naufragar	to sink
dar la señal de alarma	to raise the alarm
salvar	to rescue
restablecer el orden	to restore order
mantener la paz	to keep the peace

guerra	**war**
el ejército	army
la marina de guerra	navy
el ejército del aire	air force
la población civil	civilians
un soldado	soldier
un marine	Marine
un general	general
un coronel	colonel
un sargento	sergeant
un capitán	captain
un enemigo	enemy

los aliados	allies
las fuerzas de paz	peacekeeing forces
un campo de batalla	battlefield
una guerra civil	civil war
la guerra biológica	biological warfare
las armas	weapons
las armas nucleares	nuclear weapons
las armas químicas	chemical weapons
las armas de destrucción masiva	weapons of mass destruction
un refugio antiaéreo	air-raid shelter
un refugio antinuclear	nuclear shelter
una bomba atómica	atomic bomb
una bomba de hidrógeno	hydrogen bomb
un bombardeo	bombing
una bomba	bomb
un obús	shell
un misil	missile
un tanque	tank
un fusil	gun
una ametralladora	machine-gun
una mina	mine
un atentado terrorista	terrorist attack
una herida	wound
una tregua	truce
un tratado	treaty
la crueldad	cruelty
la tortura	torture
la muerte	death
la victoria	victory
la derrota	defeat
la paz	peace

las catástrofes naturales · natural disasters

una epidemia	epidemic
una inundación	flooding

un terremoto	earthquake
una avalancha	avalanche
un maremoto	tidal wave
un tsunami	tsunami
un huracán	hurricane
un tornado	tornado
una erupción volcánica	volcanic eruption
la lava	lava
la sequía	drought
el hambre	famine
la carencia de	lack of
una organización de ayuda	aid agency
una organización benéfica	charity
la ayuda humanitaria	humanitarian aid
la Cruz Roja	the Red Cross
un equipo de socorro	rescue team
un voluntario	volunteer
una víctima	victim *(male and female)*
un herido	casualty, injured person
un superviviente	survivor
la recogida de fondos	fundraising
el agua potable	drinking water
un paquete con alimentos	food parcel
un refugio	shelter
unas mantas	blankets
la medicación	medication
en beneficio/ayuda de	in aid of

los incendios

fires

un incendio	fire *(blaze)*
el humo	smoke
las llamas	flames
los bomberos	fire brigade
un bombero	firefighter
un coche de bomberos	fire engine
una escalera	ladder

una manguera	hose
la salida de incendios	fire exit
el pánico	panic

¡socorro!	**¡fuego!**
help!	fire!

hay una guerra civil en estos momentos en Sierra Leona
there is a civil war going on in Sierra Leone

Gran Bretaña entró en guerra con Alemania en 1939
Britain went to war with Germany in 1939

estamos en guerra contra el terrorismo	**se nos inundó la casa**
we are fighting a war on terror	our home was flooded

un volcán ha entrado en erupción en Japón
a volcano has erupted in Japan

los bomberos consiguieron controlar el incendio
firefighters brought the blaze under control

el terremoto ha dejado miles de personas sin hogar
the earthquake has left thousands of people homeless

el hambre podría cobrarse millones de vidas
the famine could claim millions of lives

Homework help

The biggest problem in the world today is...
El mayor problema del mundo actual es...

I think it's terrible that...	people are dying of starvation.
Creo que es terrible que...	**la gente se esté muriendo de hambre.**
	children can't go to school.
	los niños no puedan ir al colegio.

people have lost their homes.
la gente haya perdido sus casas.

innocent people are being killed/
tortured.
**la gente inocente esté siendo
asesinada/torturada.**

The most important thing is...
Lo más importante es...

to rescue the victims.
rescatar a las víctimas.

to feed the children.
dar de comer a los niños.

to educate people about...
educar a la gente sobre...

to destroy the regime.
destruir el régimen.

to establish peace.
establecer la paz.

We can help by...
Podemos ayudar...

giving money to charity.
dando dinero a beneficiencia.

writing to our MPs.
**escribiendo a nuestros
representantes.**

volunteering in the community.
**haciendo trabajos voluntarios en
nuestra comunidad.**

raising awareness.
concienciando a la gente.

boycotting these products.
boicoteando estos productos.

See also section

34 TOPICAL ISSUES *and* **53 ACCIDENTS.**

55 LA DELINCUENCIA
CRIMES

atracar	to assault; to hold up
robar	to steal; to burgle
forzar la entrada	to break in
asesinar	to murder; to assassinate
matar	to kill
apuñalar	to stab
estrangular	to strangle
pegar un tiro (a)	to shoot
envenenar	to poison
atacar	to attack, to assault
violar	to rape
forzar	to force
chantajear	to blackmail
engañar	to swindle
defraudar	to defraud
estafar	to embezzle
espiar	to spy
drogarse	to take drugs
secuestrar	to kidnap; to hijack
raptar	to abduct
tomar como rehén	to take hostage
hacer estallar	to blow up
incendiar	to set fire to
dañar	to damage
cercar	to surround
rescatar	to rescue
detener	to arrest
registrar	to search
indagar	to investigate

interrogar	to question, to interrogate
llevar a juicio	to prosecute
defender	to defend
acusar	to accuse; to charge
juzgar	to judge; to try
condenar	to sentence; to convict
encarcelar	to imprison
absolver	to acquit
liberar	to release
ser puesto en prisión preventiva	to be remanded in custody
ser puesto en libertad bajo fianza	to be released on bail
culpable	guilty
inocente	innocent
prohibido	forbidden
legal	legal
ilegal	illegal

el delito — crime

un robo	theft
un hurto	theft
un atraco a mano armada	hold-up, armed robbery
un atraco en la calle	mugging
un ataque	attack
un asesinato	murder
un homicidio	murder
un homicidio involuntario	manslaughter
el secuestro	kidnap; hijacking
el abuso	abuse
la crueldad	cruelty
la negligencia	neglect
la violación	rape
un ataque por motivos sexuales	sexual assault
un fraude	fraud
una falsificación	forgery
una suplantación de personalidad	identity theft

un abuso de confianza	confidence trick
un chantaje	blackmail
una extorsión	extortion
el tráfico de drogas	drug dealing; drug trafficking
el contrabando	smuggling
la prostitución	prostitution
el proxenetismo	procuring
el espionaje	spying
el terrorismo	terrorism
la perturbación del orden	breach of the peace
un criminal	criminal
un delincuente juvenil	young offender
un menor	minor
un asesino	murderer
un asesino en serie	serial killer
un ladrón	thief; burglar
un(a) carterista	pickpocket
un atracador	robber; mugger
un atracador armado	armed robber
un atacante	attacker
un violador	rapist
un secuestrador	kidnapper; hijacker
un rehén	hostage
un delincuente sexual	sex offender
un(a) contrabandista	smuggler
un traficante de drogas	drug dealer; drug trafficker
un traficante de personas	people trafficker
un proxeneta	pimp
un timador	confidence trickster
un pirómano	arsonist

las armas

weapons

una pistola	pistol
un revólver	gun, revolver
un fusil	gun, rifle
una escopeta de aire comprimido	air rifle

un cuchillo	knife
un puñal	dagger
un garrote	club
el veneno	poison
un puñetazo	punch
una patada	kick

la policía — police

un policía	police officer
un guardia civil	police officer *(in countryside or small town)*
un policía de paisano	plain-clothes police officer
la policía antidisturbios	riot police
un detective	detective
un comisario de policía	superintendent
un delator	informer
un detenido	prisoner
una denuncia	report
una investigación policial	police inquiry
una indagación	enquiry
una pista	clue; lead
una redada	raid
la comisaría	police station
el cuartel de la Guardia Civil	headquarters of the Civil Guard
una celda	cell
un coche de policía	police car
un furgón policial	police van
una sirena	siren
un perro policía	police dog
una porra	truncheon
las esposas	handcuffs
un casco	helmet
un escudo	shield
los gases lacrimógenos	tear gas

el sistema judicial	**the legal system**
un juicio	trial
una prueba	proof
una sentencia	sentence
una multa	fine
el servicio comunitario	community service
la reclusión	imprisonment
una cárcel	prison
la libertad condicional	probation
la rehabilitación	rehabilitation
la cadena perpetua	life sentence
la pena de muerte	death sentence
la silla eléctrica	electric chair
un error judicial	miscarriage of justice
el acusado	accused
la víctima	victim *(male and female)*
un testigo	witness
un abogado	lawyer
el juez	judge
el jurado	jury
la defensa	defence

---

le condenaron a 20 años de reclusión/cárcel
he/she was sentenced to 20 years' imprisonment

les estafó los ahorros de toda su vida
he/she conned them out of their life savings

¡deberían estar en la cárcel!
they should be locked up!

Inf **me han birlado la bici**
my bike got nicked

Inf **está en el talego**
he's/she's in the slammer

jugar	to play
divertirse	to have fun
imaginar	to imagine
fingir	to pretend
suceder	to happen
esconderse	to hide
escaparse	to escape
perseguir	to chase
descubrir	to discover
explorar	to explore
atreverse a	to dare
disfrazarse (de)	to dress up (as a)
jugar al escondite	to play hide-and-seek
embrujar	to bewitch
echar la buena ventura	to tell fortunes
adivinar el porvenir	to see the future
soñar (con)	to dream (of)
soñar despierto	to daydream
tener un sueño	to have a dream
tener una pesadilla	to have a nightmare

las aventuras	**adventures**
una aventura	adventure
un juego	game
un viaje	journey
una huida	escape
un disfraz	disguise
un suceso	event

un descubrimiento	discovery
un escondrijo	hiding place
una cueva	cave
una isla	island
un tesoro	treasure
la buena/mala suerte	good/bad luck
el peligro	danger
el riesgo	risk
el valor	courage
la cobardía	cowardice

los cuentos y las leyendas — fairytales and legends

una princesa	princess
un príncipe azul	prince charming
una madrastra malvada	wicked stepmother
una bruja	witch
un brujo	wizard, sorcerer
un mago	magician
un genio	genie
un hada *(f)*	fairy
un adivino	fortune teller
un gnomo	gnome
un duende	imp, goblin
un enano	dwarf
un gigante	giant
un fantasma	ghost
un esqueleto	skeleton
un vampiro	vampire
un dragón	dragon
un hombre-lobo	werewolf
un monstruo	monster
un ogro	ogre
un pirata	pirate
un extraterrestre	alien
una nave espacial	space ship
un ovni	UFO

un búho	owl
un sapo	toad
un gato negro	black cat
una casa encantada	haunted house
un bosque	forest
un cementerio	cemetery
una varita mágica	magic wand
una poción mágica	magic potion
un encantamiento	spell
un secreto	secret
una escoba	broomstick
una alfombra mágica	magic carpet
una bola de cristal	crystal ball
las líneas de la mano	lines of the hand
la luna llena	full moon
un final feliz	happy ending
la magia	magic
la superstición	superstition
el tarot	tarot
la astrología	astrology
el zodiaco	zodiac
el signo del zodiaco	star sign
un horóscopo	horoscope
Acuario	Aquarius
Piscis	Pisces
Tauro	Taurus
Aries	Aries
Géminis	Gemini
Cáncer	Cancer
Leo	Leo
Virgo	Virgo
Libra	Libra
Escorpio	Scorpio
Sagitario	Sagittarius
Capricornio	Capricorn

los sueños — dreams

un sueño	dream
un ensueño	daydream
una pesadilla	nightmare
la imaginación	imagination
una alucinación	hallucination

---

en este castillo andan fantasmas
this castle is haunted

una echadora de cartas me leyó la palma de la mano
a fortune teller read my palm

¿tú crees en los fantasmas?
do you believe in ghosts?

se están haciendo pasar por piratas
they're pretending to be pirates

había una vez una princesa...
once upon a time there was a princess...

vivieron felices y comieron perdices
they all lived happily ever after

sonar	to ring
dar campanadas	to chime
marcar	to tick
contar hacia atrás	to count down
cronometrar	to time
adelantar/atrasar los relojes	to put the clocks forward/back
tener desfase horario	to have jetlag

los objetos que miden el tiempo
things that tell the time

un reloj	clock
un reloj (de pulsera)	watch
un reloj digital	digital watch
un reloj de pie	grandfather clock
un reloj de pared	grandfather clock
un reloj de cuco	cuckoo clock
un despertador	alarm clock
un radioreloj	clock radio
un cronómetro	stopwatch
un reloj de sol	sun dial
un reloj de arena	eggtimer
las agujas del reloj	hands of a watch
la aguja grande	minute hand
la aguja pequeña	hour hand
el segundero	second hand
las campanadas	bells
Información *(f)* horaria	speaking clock

¿qué hora es?	what time is it?
es la una	it is one o'clock
son las ocho de la mañana	it is eight am/eight o'clock in the morning
las ocho y cinco	five past eight
las ocho y cuarto	a quarter past eight
las diez y media	ten thirty, half past ten
las once menos veinte	twenty to eleven
las once menos cuarto	a quarter to eleven
las doce quince	twelve fifteen
las doce y cuarto	a quarter past twelve
las dos de la tarde	two pm, two o'clock in the afternoon
las catorce horas	two pm
las catorce horas treinta minutos	two thirty pm
las diez de la noche	ten pm, ten o'clock at night

la división del tiempo

divisions of time

el tiempo	time
la hora	time *(by the clock)*
un instante	moment, instant
un momento	moment
un segundo	second
un minuto	minute
un cuarto de hora	quarter of an hour
media hora	half an hour
tres cuartos de hora	three quarters of an hour
una hora	hour
una hora y media	an hour and a half

el día	day
el amanecer	sunrise, daybreak, dawn
la madrugada	small hours
la mañana	morning
el mediodía	noon
la tarde	afternoon; evening
la puesta de sol	sunset

el anochecer	nightfall, dusk
la noche	night
la medianoche	midnight
una zona horaria	time zone
la hora del Meridiano de Greenwich	Greenwich Mean Time

llegar puntual/retrasado — being on time/late

salir con tiempo	to leave on time
llegar pronto	to be early
ir adelantado	to be ahead of schedule
tener tiempo de sobra	to have plenty of time
llegar puntual	to be on time
llegar tarde/con retraso	to be late
ir retrasado	to be behind schedule
apresurarse	to rush
darse prisa	to hurry (up)
tener prisa	to be in a hurry

¿cuándo? — when?

cuando	when
antes de	before
después de	after
durante	during
pronto	early; soon
tarde	late
más tarde	later

ahora	now
en este momento	at the moment
en seguida	immediately, straight away
a continuación	then *(next)*
entonces	then *(at that time)*
en aquel momento	at that time
últimamente	recently, lately
entretanto	meanwhile
mientras tanto	meanwhile
durante mucho tiempo	for a long time

hace mucho tiempo	a long time ago
siempre	always
nunca	never
a veces	sometimes
a menudo	often

---

por favor, ¿tiene hora?
do you have the time, please?

son las nueve en punto
it's nine o'clock exactly

¿a qué hora sale el tren?
what time does the train leave?

todavía no es hora
it's not time yet

mi reloj va adelantado/atrasado
my watch is fast/slow

he puesto el reloj en hora
I've set my watch right

¡date prisa en vestirte!
hurry up and get dressed!

¡no llegues tarde!
don't be late!

no tengo tiempo de salir
I haven't got time to go out

corrió la marathon en un tiempo récord
he ran the marathon in record time

los relojes se atrasan/adelantan este fin de semana
the clocks go back/forward this weekend

hay una diferencia horaria de seis horas
there's a six-hour time difference

Note

★ In Spanish, 'one o'clock' is considered singular while other times are plural:

es la una	**es la una y media**	**son las tres**
it's one o'clock	it's half past one	it's three o'clock

However, when asking the time you always say ¿qué hora *es*?.

Note—cont'd

Note that you say la una or las dos (feminine) because you have omitted the feminine word hora(s) (hour(s), used in the sense of 'o'clock').

★ The word la tarde can mean both 'afternoon' and 'evening', and as a general rule can be used from lunchtime until it gets dark (which can be late in Spain).

You can clarify the time of day as follows:

son las ocho de la mañana	**a las cinco** de la tarde
it's eight in the morning	at five in the afternoon

★ Sentences with nunca ('never') can be formed in two different ways:

nunca voy al teatro
no voy nunca **al teatro**
I never go to the theatre

el lunes	Monday
el martes	Tuesday
el miércoles	Wednesday
el jueves	Thursday
el viernes	Friday
el sábado	Saturday
el domingo	Sunday

el día	day
la semana	week
ocho días	week
el fin de semana	weekend
un puente	long weekend
quince días	fortnight
una quincena	fortnight
unos diez días	about ten days

hoy	today
mañana	tomorrow
pasado mañana	the day after tomorrow
ayer	yesterday
anteayer	the day before yesterday
antes de ayer	the day before yesterday
la víspera	the day before
el día siguiente	the day after; the next day
a los dos días	two days later
esta semana	this week
la semana que viene	next week
la semana próxima	next week
la semana pasada	last week

el lunes pasado	last Monday
el domingo que viene	next Sunday
el próximo domingo	next Sunday
de hoy en ocho días	in a week's time, a week today
dentro de dos semanas	in two weeks' time
del jueves en ocho días	a week onThursday
ayer por la mañana	yesterday morning
ayer por la tarde	yesterday afternoon/evening
anoche	last night
esta tarde	this afternoon/evening
esta noche	tonight, last night
mañana por la mañana	tomorrow morning
mañana por la tarde	tomorrow afternoon/evening
hace tres días	three days ago

el sábado fuimos a la piscina
on Saturday we went to the swimming pool

los domingos los pasamos en casa
on Sundays we stay at home

vamos al cine todos los jueves   **me lo encontré el fin de semana**
we go to the cinema every Thursday   I met him at the weekend

¡hasta mañana!   **hasta el lunes**
see you tomorrow!   see you on Monday

Note

★ Note that the days of the week do not have capital letters in Spanish.

★ To talk about something that will happen after a given time has elapsed, use the expression dentro de...:

  nos vemos dentro de una semana
  we'll see each other in a week (= a week from now)

59 EL AÑO
THE YEAR

los meses del año	**the months of the year**
enero	January
febrero	February
marzo	March
abril	April
mayo	May
junio	June
julio	July
agosto	August
se(p)tiembre	September
octubre	October
noviembre	November
diciembre	December
un mes	month
un año	year
un año bisiesto	leap year
un trimestre	term
una década	decade
un siglo	century

las estaciones del año	**the seasons**
la primavera	spring
el verano	summer
el otoño	autumn
el invierno	winter

las festividades	**festivals**
un día festivo	holiday *(one day)*
la Nochebuena	Christmas Eve
la Navidad	Christmas

la Noche Vieja	New Year's Eve
el día de Año Nuevo	New Year's Day
el día de Reyes	6th of January, Epiphany
la Semana Santa	Easter Week
el Viernes Santo	Good Friday
el martes de carnaval	Shrove Tuesday
el miércoles de ceniza	Ash Wednesday
el día de los enamorados	St Valentine's Day

el día 6 de enero los Reyes Magos traen juguetes a los niños
on the sixth of January the three Wise Men bring toys to the children

llueve mucho en el mes de marzo   **el otoño es mi estación preferida**
it rains a lot in March   autumn is my favourite season

todos los veranos vamos de vacaciones
every summer we go on holiday

Note

Note that the months of the year do not have capital letters in Spanish.

See also section

**40 GREETINGS AND POLITE PHRASES, 57 THE TIME,
58 THE WEEK** *and* **60 THE DATE.**

60 La Fecha
The date

el pasado	the past
el futuro	the future
el porvenir	the future
el presente	the present
la historia	history
la prehistoria	prehistory
la Edad Antigua	antiquity, ancient history
la Edad Media	Middle Ages
el Renacimiento	Renaissance
la Revolución Industrial	Industrial Revolution
el siglo veinte/veinte-uno	twentieth/twenty-first century
el año 2.000	the year 2000
la fecha	date
un aniversario	anniversary
una generación	generation
actual	present, current
moderno	modern
presente	present
pasado	past
futuro	future
anual	annual
mensual	monthly
semanal	weekly
diario	daily
cotidiano	daily
antes	in the past
antaño	in times past

en los viejos tiempos	in the olden days
antiguamente	formerly
en aquella época	in those days
en aquel entonces	at that time
en el pasado	in the past
hoy día	nowadays
en el futuro	in the future
a principios/finales del siglo	at the beginning/end of the century
a mediados de siglo	in the middle of the century
en mitad de la década de 1950	in the mid-fifties
los años 60/90	the 60s/90s

mucho tiempo	a long time
nunca	never
siempre	always
a veces	sometimes
cuando	when
desde (que)	since
aún	still
de nuevo	again
a. de C., antes de Cristo	BC
d. de C., después de Cristo	AD

¿a cuántos estamos?	estamos a ocho de mayo
what's the date today?	it's the eighth of May

el veintiuno de octubre de 1998 (mil novecientos noventa y ocho)
the 21st of October 1998

el tres de marzo de(l) 2006 (dos mil seis)
the 3rd of March 2006

Madrid, 3 de abril de 2004	**el 6 de julio es mi cumpleaños**
Madrid, 3 April 2004	my birthday is on the 6th of July
hace un año que se marchó	**érase una vez…**
he/she left a year ago	once upon a time, there was…

Note

★ Do not confuse **aún** ('still', 'yet') and **aun** ('even'):

aún no he contestado a su carta	**aun ella está al corriente**
I still haven't answered his/her letter	even *she* knows about it
I haven't answered his/her letter yet	

★ Remember that question words are written with an accent to distinguish them from their other usages:

¿cuándo os vais a casar?
when are you going to get married?

comeré cuando haya terminado los deberes
I'll have dinner when I've finished my homework

¿dónde están mis gafas?	**no sé donde está mi hermano**
where are my glasses?	I don't know where my brother is

See also section

57 THE TIME, 58 THE WEEK *and* **59 THE YEAR.**

61 LOS NÚMEROS
NUMBERS

cero	zero
uno, una	one
dos	two
tres	three
cuatro	four
cinco	five
seis	six
siete	seven
ocho	eight
nueve	nine
diez	ten
once	eleven
doce	twelve
trece	thirteen
catorce	fourteen
quince	fifteen
dieciséis	sixteen
diecisiete	seventeen
dieciocho	eighteen
diecinueve	nineteen
veinte	twenty
veintiuno, veintiuna	twenty-one
veintidós	twenty-two
treinta	thirty
cuarenta	forty
cincuenta	fifty
sesenta	sixty
setenta	seventy
setenta y cinco	seventy-five
ochenta	eighty

noventa	ninety
cien	a hundred
cientos	hundreds
ciento ocho	one hundred and eight
ciento sesenta y dos	one hundred and sixty-two
doscientos, doscientas	two hundred
doscientos/doscientas dos	two hundred and two
quinientos, quinientas	five hundred
setecientos, setecientas	seven hundred
novecientos, novecientas	nine hundred
mil	a thousand
mil novecientos/novecientas noventa	one thousand nine hundred and ninety
dos mil	two thousand
cinco mil	five thousand
diez mil	ten thousand
cien mil	one hundred thousand
un millón	a million
primero	first
segundo	second
tercero	third
cuarto	fourth
quinto	fifth
sexto	sixth
séptimo	seventh
octavo	eighth
noveno	ninth
décimo	tenth
undécimo	eleventh
duodécimo	twelfth
decimotercero	thirteenth
vigésimo	twentieth
vigésimo primero	twenty-first
trigésimo	thirtieth
centésimo	hundredth

una cifra	figure
un número	number
una cantidad	amount, quantity
los números romanos	Roman numerals

cien/mil libras
one hundred/thousand pounds

un millón de euros
one million euros

al segundo día y a la tercera noche
on the second day and on the third night

doscientos chicos y doscientas chicas
two hundred boys and two hundred girls

la página 159 (ciento cincuenta y nueve)
page 159

el tercer capítulo
chapter three

el vigésimo aniversario
the twentieth anniversary

el rey Felipe II (segundo)
King Philip the Second

el papa Juan XXIII (veintitrés)
Pope John the Twenty-Third

dos coma tres (2,3) 5.359
two point three (2,3) 5,359

el siglo XIV (catorce)
the fourteenth century

Note

★ Some ordinals lose their last vowel before masculine singular nouns, eg primero and tercero:

el segundo día y a la tercera noche
the second day and the third night

el tercer capítulo
the third chapter

★ Uno becomes un before masculine nouns, whether they are singular or plural:

un año
one year

doscientos un días
two hundred and one days

Note—cont'd

Ciento becomes cien when followed by a noun, an adjective + noun, or the numbers mil and millones:

cien litros
a hundred litres

cien buenos días
a hundred good days

cien mil euros
a hundred thousand euros

cien millones de euros
a hundred million euros

★ Note that the word millon is always followed by de when counting, and becomes plural if you are talking about more than one million:

un millon de personas
a milion people

dos millones de libras
two million pounds

62 LAS CANTIDADES
QUANTITIES

calcular	to calculate; to estimate
pesar	to weigh
medir	to measure
contar	to count
sumar	to add
restar	to take away; to reduce
multiplicar	to multiply
dividir	to divide
repartir	to share out
llenar	to fill
vaciar	to empty
quitar	to remove
disminuir	to reduce
aumentar	to increase
bastar	to be enough
nada	nothing
todo	everything
todo el...	all the..., the whole...
todos los...	all the..., every...
algo	something
algunos	some
ninguno	none
varios	several
cada	every
todos	everybody
un poco	a little
un poco de	a little bit of, some
mucho	a lot, much
muchos	a lot of, many

pocos	few
muy	very
nada de...	no ...
más	more
menos	less
la mayoría	most
bastante	enough
demasiado(s)	too much/many
exactamente	exactly
alrededor de	about
más o menos	more or less
apenas	scarcely
justo	just
solamente	only
como máximo	at most
por lo menos	at least
escaso	rare
numeroso	numerous
innumerable	countless
suficiente	enough
igual	equal
lleno	full
vacío	empty
doble	double
triple	treble
un montón (de)	loads (of)
un trozo (de)	a piece (of)
un vaso (de)	a glass (of)
un plato (de)	a plate (of)
una botella (de)	a bottle (of)
una lata (de)	a tin (of)

un paquete (de)	a packet (of)
un bocado (de)	a mouthful (of) *(food)*
una cucharada (de)	a spoonful (of)
un puñado (de)	a handful (of)
un par (de)	a pair (of), a couple (of)
una docena (de)	a dozen
media docena (de)	half a dozen
una parte (de)	part (of)
la mitad	half
un tercio	third
un cuarto	quarter
medio/a	half
y medio/a	and a half
todo el/toda la	the whole
el resto (de)	the rest/remainder (of)
la cantidad	quantity
el número	number
el infinito	infinity
la media	average
un cálculo	calculation
el peso	weight

pesos y medidas — weights and measurements

un gramo	gramme
un kilo	kilo
una libra	pound
una tonelada	1000 kg, tonne
un litro	litre
una pinta	pint
un centímetro	centimetre
un metro	metre
un kilómetro	kilometre
una milla	mile

no queda mucho dinero
there isn't much money left

muchas personas resultaron heridas
many people were injured

pasamos la mayor parte del tiempo discutiendo
we spent most of the time arguing

necesita un poco de atención
he/she needs a little attention

necesita poca atención
he/she needs little attention

calculo que costará unas 300 libras
I estimate it will cost about £300

Inf **tengo mogollón de deberes**
I've got tons of homework

Inf **tiene mogollón de amigos**
she has loads of friends

Inf **coge un caramelo, que tengo mogollón**
have a sweet, I've got loads

See also section

61 NUMBERS.

63 LA DESCRIPCIÓN DE COSAS

DESCRIBING THINGS

el tamaño	size
la talla	size
la anchura	width, breadth
el ancho	width, breadth
la altura	height
la profundidad	depth
la largura	length
el largo	length
la belleza	beauty
la fealdad	ugliness
el aspecto	appearance
la apariencia	appearance
la forma	shape
la calidad	quality
la ventaja	advantage
el inconveniente	disadvantage, drawback
la desventaja	disadvantage
grande	big, large
pequeño	small
enorme	enormous
diminuto	tiny
minúsculo	tiny
ancho	wide
estrecho	narrow
grueso	thick
gordo	thick, fat
fino	thin

hondo	deep
profundo	deep
espeso	thick
poco profundo	shallow
largo	long
corto	short
alto	high; tall
bajo	low
curvo	curved
recto	straight
redondo	round
circular	circular
ovalado	oval
rectangular	rectangular
cuadrado	square
triangular	triangular
alargado	oblong
liso	flat
bonito	lovely, pretty
bello	beautiful
hermoso	beautiful, gorgeous
bueno	good
mejor	better
el/la mejor	the best
maravilloso	marvellous
magnífico	magnificent
grandioso	imposing
soberbio	superb
fantástico	fantastic
perfecto	perfect
extraordinario	exceptional
excelente	excellent
de excelente calidad	(of) top quality
feo	ugly
malo	bad

mediocre	average, mediocre
peor	worse
el/la peor	the worst
horrible	appalling, horrible
espantoso	dreadful
atroz	atrocious
fatal	atrocious, terrible
de mala calidad	(of) poor quality
normal	normal, ordinary
corriente	ordinary, usual
poco común	unusual
ligero	light
pesado	heavy
duro	hard
firme	firm
sólido	solid, sturdy
blando	soft
tierno	tender
delicado	delicate
suave	smooth, soft
brillante	shiny
centelleante	sparkly
caliente	hot, warm
frío	cold
fresco	cool
tibio	lukewarm, tepid
seco	dry
mojado	wet
húmedo	damp
líquido	liquid, runny
sencillo	simple
complicado	complicated
difícil	difficult
fácil	easy

práctico	practical, handy
útil	useful
inútil	useless, pointless
imposible	impossible
posible	possible
necesario	necessary
esencial	essential
limpio	clean
sucio	dirty
asqueroso	disgusting
viejo	old
antiguo	ancient, old
nuevo	new
moderno	modern
anticuado	out of date
roto	broken

---

la nieve alcanzó medio metro de espesor
the snow was half a metre deep

el río sólo tiene 60 cm de profundidad
the river is only 60 cm deep

tres metros de largo y uno de ancho
three metres long and one metre wide

mide 10 cm de ancho/largo
it's 10 cm wide/long

el muro tiene 20 cm de ancho
the wall is 20 cm thick

es algo parecido a un armario
it's a sort of cupboard

¿qué es esa cosa azul?
what's that blue thing?

Inf **¿dónde estará la llave inglesa esa o lo que sea?**
where's that spanner thingy gone?

See also section

64 COLOURS.

64 LOS COLORES
COLOURS

amarillento	yellowish
amarillo	yellow
anaranjado	orange
azul	blue
azul marino *(inv)*	navy blue
beige *(inv)*	beige
blanco	white
carne *(inv)*	flesh-coloured
dorado	gold, golden
gris	grey
grisáceo	greyish
marrón	brown
morado	purple
naranja *(inv)*	orange
negro	black
plateado	silver
rojizo	reddish
rojo	red
rosa *(inv)*	pink
turquesa *(inv)*	turquoise
verde	green
verdoso	greenish
oscuro	dark
claro	light
vivo	bright
chillón	loud, garish
pálido	pale

¿cuál es tu color favorito?
what's your favourite colour?

¿de qué color es?
what colour is it?

es rojizo/verduzco
it's reddish/greenish

el verde es mi color preferido
green is my favourite colour

es azul claro
it's pale blue

compré una camiseta rosa fuerte
I bought a bright pink t-shirt

natural	natural
sintético	synthetic
artificial	artificial
falso	fake
hecho a mano	handmade
la materia	matter, substance
el material	material
la substancia	substance
la tierra	earth
el agua *(f)*	water
el aire	air
el fuego	fire
la piedra	stone
las piedras preciosas	precious stones
el cristal	crystal
el mármol	marble
el granito	granite
el diamante	diamond
la arcilla	clay
el metal	metal
el aluminio	aluminium
el bronce	bronze
el cobre	copper
el latón	brass
el estaño	tin; pewter
el hierro	iron
el acero	steel

el plomo	lead
el oro	gold
la plata	silver
el platino	platinum
el alambre	wire
la madera	wood
el mimbre	wicker
la paja	straw
el bambú	bamboo
el hormigón	concrete
el cemento	cement
el ladrillo	brick
el yeso	plaster
el vidrio	glass
el cartón	cardboard
el papel	paper
el plástico	plastic
el caucho	rubber
la cera	wax

los tejidos — fabrics

elástico	stretchy
suave	soft
cómodo	comfortable
rígido	stiff
irritante	itchy
incómodo	uncomfortable
el algodón	cotton
la lana	wool
el cuero	leather
el ante	suede
la piel	fur; leather
la seda	silk
el nylon	nylon

vaquero	denim
la pana	corduroy
el terciopelo	velvet
el velvetón	velour
el forro polar	fleece
la licra	Lycra®

una cuchara de madera
a wooden spoon

una falda vaquera
a denim skirt

compré tela para las cortinas
I bought some curtain material

esta casa es de ladrillo
this house is made of brick

mi chaqueta es de imitación de piel
my jacket is fake fur

estar perdido	to be lost
perderse	to get lost
conocer el camino	to know the way
mirar el mapa	to look at the map
preguntar	to ask
mostrar	to show
señalar (con el dedo)	to point

los puntos cardinales — the points of the compass

el norte	north
el sur	south
el este	east
el oeste	west
el nordeste	north-east
el noroeste	north-west
el sureste	south-east
el suroeste	south-west

coja	take
continúe	keep going
siga	follow
deje atrás	go past
dé la vuelta	go back; turn
tuerza a la derecha/a la izquierda	turn right/left

el sentido — directions

donde	where
¿dónde?	where?
en dirección a	towards
en sentido contrario	in the opposite direction
hacia atrás	backwards

la izquierda	left
la derecha	right
a la izquierda	on/to the left
a la derecha	on/to the right
todo seguido/recto	straight ahead
la primera a la derecha	first on the right
la segunda a la izquierda	second on the left
al lado de	beside
enfrente de	opposite
frente a	in front of; opposite
detrás de	behind
cerca	near
lejos	far away
pasado el semáforo	after the traffic lights
justo antes del semáforo	just before the traffic lights
al llegar al siguiente cruce	at the next crossroads

¿puede usted decirme cómo se va a la estación?
can you tell me how to get to the station?

a unos diez minutos andando
about ten minutes on foot

a 100 metros de aquí
100 metres away

¿me lo puedes enseñar en el mapa?
can you show me on the map?

Sevilla está en el sur de España
Seville is in the south of Spain

al sur de Salamanca
south of Salamanca

España está situada al sur de Francia
Spain is to the south of France

no tengo sentido de la orientación
I've got no sense of direction

estamos totalmente perdidos
we're totally lost

Abbreviations:

LA	Latin America	**Col**	Colombia
CA	Central America	**Cub**	Cuba
SA	South America	**Mex**	Mexico
Andes	Bolivia, Chile, Colombia, Ecuador, Peru	**Per**	Peru
Arg	Argentina	**PRico**	Puerto Rico
Carib	Caribbean	**RP**	River Plate (Argentina, Paraguay, Uruguay)
Chil	Chile	**Ven**	Venezuela

una abarrotería *(LA, not RP)*	grocer's shop
unos anteojos *(LA)*	glasses, spectacles
unos aretes *(LA)*	earrings
una arveja *(LA)*	pea
un auto *(Chil, RP)*	car
un aventón *(CA, Mex)*	lift *(in car)*
un aviso *(LA)*	advertisement, commercial
un boleto *(LA)*	ticket
el bote de la basura *(LA)*	(rubbish) bin
un cabro *(Chil)*	child, kid
un cacahuate *(Mex)*	peanut
una callampa *(Chil)*	mushroom; shack

un camión *(CA, Mex)*	bus
una canilla *(RP)*	(water) tap
la carne de res *(LA)*	beef
un carro *(LA, not RP)*	car
un cerillo *(CA, Mex)*	match
un chabacano *(Mex)*	apricot
un chacarero *(SA)*	peasant
un chícharo *(CA, Mex)*	pea
un choclo *(SA)*	corn on the cob
una cobija *(LA)*	blanket
una computadora *(LA)*	computer
un contador *(LA)*	accountant
una curita *(LA)*	sticking plaster
un damasco *(SA)*	apricot
un desarmador *(Mex)*	screwdriver
doctor *(LA)*	Sir
un durazno *(LA)*	peach
un elevador *(Mex)*	lift, elevator
unos espejuelos *(Cub)*	glasses, spectacles
una estampilla *(LA)*	stamp
un fósforo *(Carib, SA)*	match
un frijol *(LA, not RP)*	bean
una frutilla *(SA)*	strawberry
una guagua *(Andes)*	baby, kid
una guagua *(Carib)*	bus; lorry
una heladera *(RP)*	fridge
un huarache *(Mex)*	sandal
un jitomate *(Mex)*	tomato
un jugo *(LA)*	juice *(of fruit)*
una laucha *(Chil, RP)*	mouse
una licuadora *(LA)*	liquidizer
una llanta *(LA)*	tyre
una llave *(Chil, Mex)*	(water) tap
una macana *(Andes, Carib, Mex)*	club, truncheon
macanas *(SA)*	nonsense
un maní *(LA, not Mex)*	peanut

la manteca *(RP)*	butter
el mesero *(LA)*	waiter
el mozo *(SA)*	waiter
la nata *(LA)*	cream *(of milk)*
un negocio *(Per, RP)*	shop
una palta *(SA)*	avocado (pear)
una pana *(Chil)*	breakdown *(of car, machine)*
una pana *(Chil)*	liver *(meat)*
una papa *(LA)*	potato
un parche *(Chil)*	sticking plaster
la plata *(LA)*	money
un poroto *(SA)*	bean
una recámara *(CA, Col, Mex)*	bedroom
un saco *(LA)*	jacket
una torta *(Chil, RP)*	gâteau, cake
una torta *(Mex)*	filled roll
un trago *(LA)*	(alcoholic) drink
una vereda *(SA)*	pavement
un zancudo *(LA)*	mosquito
catire, catira *(Carib, Col)*	blond, fair-haired
enchiloso *(CA, Mex)*	hot *(spicy)*
flojo *(LA)*	lazy, idle
lindo *(LA)*	pretty, nice
macanudo *(SA)*	great, fantastic
tomado *(LA)*	drunk
tomador *(SA, PRico)*	hard-drinking
agarrar *(LA)*	to take *(used to avoid taboo "coger")*
apurarse *(LA)*	to hurry
botar *(LA, not RP)*	to throw away
ejecutar *(Arg, CA, Ven)*	to play *(instrument)*
encuerar *(Cub, Mex)*	to undress
enojarse *(LA)*	to get angry/annoyed
jalar *(LA, not RP)*	to pull
jalear *(Chil)*	to tease, to mock

jalonear *(CA, Mex)*	to pull; to haggle
manejar *(LA)*	to drive *(vehicle)*
pedir aventón *(CA, Mex)*	to hitch-hike
quebrar *(LA)*	to break, to smash
reprobar *(LA)*	to fail *(exam, student)*
ahorita *(LA, not RP)*	right now, this very minute
al tiro *(SA)*	right now
de guagua *(Cub)*	for free
luego *(LA)*	soon
nomás *(LA)*	just
recien *(LA)*	just now, recently
¡regio! *(SA)*	great!

INDEX

Note that entries refer to chapter numbers rather than page numbers